Imposto de Renda para pessoas físicas e jurídicas:
da compreensão ao planejamento

SÉRIE GESTÃO FINANCEIRA

DIALÓGICA

O selo DIALÓGICA da Editora InterSaberes faz referência às publicações que privilegiam uma linguagem na qual o autor dialoga com o leitor por meio de recursos textuais e visuais, o que torna o conteúdo muito mais dinâmico. São livros que criam um ambiente de interação com o leitor – seu universo cultural, social e de elaboração de conhecimentos –, possibilitando um real processo de interlocução para que a comunicação se efetive.

Paolla Hauser

Imposto de Renda para pessoas físicas e jurídicas:
da compreensão ao planejamento

EDITORA
intersaberes

Rua Clara Vendramin, 58 . Mossunguê
CEP 81200-170 . Curitiba . PR . Brasil
Fone: (41) 2106-4170
www.intersaberes.com
editora@editoraintersaberes.com.br

Conselho editorial	Dr. Ivo José Both (presidente)
	Dr? Elena Godoy
	Dr. Neri dos Santos
	Dr. Ulf Gregor Baranow
Editora-chefe	Lindsay Azambuja
Gerente editorial	Ariadne Nunes Wenger
Preparação de originais	Entrelinhas Editorial
Edição de texto	Thayana de Souza Araújo Dantas
	Gustavo Piratello de Castro
Capa	Charles Leonardo da Silva (*design*)
	oatawa/Sutterstock (imagem)
Projeto gráfico	Raphael Bernadelli
Diagramação	Kátia P. Irokawa Muckenberger
Equipe de *design*	Débora Gipiela
	Charles Leonardo da Silva
Iconografia	T&G Serviços Editoriais
	Regina Claudia Cruz Prestes

Dados Internacionais de Catalogação na Publicação (CIP)
(Câmara Brasileira do Livro, SP, Brasil)

Hauser, Paolla
  Imposto de Renda para pessoas físicas e jurídicas: da compreensão ao planejamento/Paolla Hauser. Curitiba: InterSaberes, 2020. (Série Gestão Financeira)
  Inclui bibliografia
  ISBN 978-65-5517-569-1
  1. Imposto de renda 2. Imposto de renda – Legislação – Brasil 3. Pessoa física 4. Pessoa física – Impostos 5. Pessoa jurídica – Impostos 6. Planejamento I. Título II. Série.

20-35149   CDD-34:336.226.1

Índice para catálogo sistemático:
1. Imposto de renda: Regulamento:
  Direito tributário   34:336.226.1
    Maria Alice Ferreira – Bibliotecária – CRB-8/7964

1ª edição, 2020.
Foi feito o depósito legal.
Informamos que é de inteira responsabilidade da autora a emissão de conceitos.
Nenhuma parte desta publicação poderá ser reproduzida por qualquer meio ou forma sem a prévia autorização da Editora InterSaberes.
A violação dos direitos autorais é crime estabelecido na Lei n. 9.610/1998 e punido pelo art. 184 do Código Penal.

Sumário

Agradecimentos • 11
Prefácio • 13
Apresentação • 19
Como aproveitar ao máximo este livro • 23

I

Planejamento tributário • 29

1.1 Carga tributária • 33
1.2 Repartição das receitas tributárias • 38
1.3 Conceitos e finalidade: o que é planejamento tributário? • 38
1.4 Causa ou propósito negocial/econômico • 45
1.5 Possibilidades de realização de um planejamento (como fazê-lo) • 47

2

Planejamento tributário voltado aos regimes de tributação • 55

2.1 Lucro Real: regra geral de tributação • 57

2.2 Lucro Presumido: regra geral de tributação • 67

2.3 Simples Nacional: regra geral de tributação • 72

2.4 PIS e Cofins • 78

2.5 Contribuição Previdenciária sobre a Receita Bruta (CPRB) • 96

3

Planejamento tributário voltado aos incentivos fiscais em âmbito do Imposto de Renda • 107

3.1 Empresa Cidadã • 111

3.2 Programa de Alimentação do Trabalhador (PAT) • 112

3.3 Lei Rouanet • 115

3.4 Vale-Cultura • 120

3.5 Fundo da Criança e do Adolescente • 123

3.6 Incentivo ao desporto • 124

3.7 Pronon e Pronas/PCD • 125

3.8 Fundo do Idoso • 127

3.9 Lei do Bem • 129

3.10 Bônus de Adimplência • 131

4

Planejamento tributário voltado à reorganização societária • 141

4.1 Fusão • 143

4.2 Cisão • 144

4.3 Incorporação • 145

4.4 Sociedade coligada e controlada • 146

4.5 Compensação de prejuízos fiscais • 148

4.6 Ágio por expectativa de rentabilidade futura • 152

5

Planejamento tributário voltado à remuneração dos sócios • 163

5.1 Rendimentos pelo trabalho: pró-labore • 166

5.2 Lucros ou dividendos • 169

5.3 Juros sobre o Capital Próprio (JCP) • 171

6

Planejamento tributário das pessoas físicas • 187

6.1 Previdência complementar • 189

6.2 Rendimento Recebido Acumuladamente (RAA) • 193

6.3 Tributação do ganho de capital • 196

6.4 Rendimentos de profissionais liberais • 207

Considerações finais • 215

Lista de siglas • 217

Referências • 219

Respostas • 227

Sobre a autora • 231

Dedico esta obra a todos os meus alunos, com os quais aprendi muito mais do que ensinei.

Agradecimentos

Eu tenho muitas pessoas a agradecer, pessoas que me fizeram evoluir particularmente e profissionalmente ao longo da minha vida e da minha carreira. Quero agradecer inicialmente a Deus, que me deu a vida e está presente nela em todos os momentos.

Agradeço à minha mãe, Ana, e ao meu pai, Afonso (in memoriam), que me deram a melhor coisa que poderiam ter me dado: educação. Aproveito para agradecer aos meus irmãos Manu, Polly e Afonsinho, por serem verdadeiros amigos.

Quero também agradecer ao Arthur Fonzar, por ser meu ombro quando preciso chorar, por ser meu abraço quando preciso abraçar, por me mostrar o caminho que sempre procurei, por me fazer querer ser melhor todos os dias.

Agradeço ao Juliano Lima, que escreveu, lindamente, o prefácio desta obra e que me fez voltar ao início de tudo. Ele me fez lembrar da minha história profissional e ter orgulho dela, mesmo sabendo que ainda tenho muito por fazer.

Agradeço aos meus bons amigos Tiago Mancarz e Maísa Alves Rezende, que despenderam seu precioso tempo para revisar um pedaço desta obra e assim me ajudaram a deixá-la mais precisa para os leitores.

Quero ainda agradecer à minha coach*, Eliane Gavasso, que me mostrou as diversas formas de subir os longos degraus da vida.*

Agradeço aos amigos que fiz no mestrado e que me tornaram uma pessoa melhor.

Meu imenso agradecimento à equipe da InterSaberes pelo convite para escrever mais uma obra e assim contribuir para a educação do país.

Prefácio

O objetivo deste prefácio é apresentar de forma mais detalhada a trajetória pessoal, profissional e acadêmica da autora. Sendo assim, essa história inicia-se em uma manhã de outono na capital do Paraná, Curitiba. Quando o relógio marcava 8 horas e 1 minuto do dia 6 de abril de determinado ano, nasciam as irmãs gêmeas idênticas, Paolla e Pollyanna, filhas de Afonso Eduardo Hauser (*in memoriam*) e Ana Maria Munarim Hauser.

O nome *Paolla das Graças Felix Munarim Hauser* – sim, nome de princesa – faz menção a diversas homenagens. Seu pai, Afonso, decidiu homenagear uma tia e a avó paterna da Paolla, portanto, ela recebeu os nomes *Graças* e *Felix*, respectivamente. Quando criança, ao debater com os seus três irmãos sobre seus sonhos profissionais, ela sonhava em seguir várias carreiras, tais como: modelo, atriz, advogada e, curiosamente, fez um curso para ser estilista.

Sua trajetória profissional começou aos 14 anos, trabalhando como atendente em uma padaria. Aos 15, iniciou um estágio em uma gravadora. Com 16 anos, passou a trabalhar em uma empresa de *marketing* promocional. Trabalhava o dia todo e estudava à noite como muitos de seus colegas do Colégio Estadual do Paraná, instituição que rotineiramente a convida para palestrar para seus atuais alunos. Ela é um caso de sucesso para o colégio e de orgulho para seus professores.

Seu primeiro contato com a contabilidade foi na empresa de *marketing* promocional. Lá ela passou a atuar no Departamento de Recursos Humanos, realizando as diversas rotinas da área.

Aos 20 anos, iniciou um novo desafio em uma empresa de construção civil. Foi nesse momento que escolheu cursar contabilidade. Escolheu o curso ao considerar três pontos: experiência nas rotinas de departamento pessoal, interesse em ser empresária e sua habilidade em matemática.

Durante a faculdade, no sétimo semestre, Paolla decidiu que atuaria na área tributária e, em 2011, defendeu seu trabalho de conclusão de curso, intitulado *Constituição e tributação de empresa comercial*.

No ano seguinte, 2012, ela concluiu a especialização em Gestão Tributária e se credenciou para ser docente do ensino superior.

No ano de 2013, iniciou a carreira como professora no Centro Universitário Internacional (Uninter) e, naturalmente, assumiu as cadeiras de contabilidade e planejamento tributário. Nessa mesma época, atuava profissionalmente em uma empresa de consultoria para escritórios contábeis, como consultora tributária.

Apaixonada por essa área e sedenta por conhecimento, em 2015 começou um novo curso de especialização no Instituto Brasileiro de Estudos Tributários (Ibet). Esse programa possibilitou reflexões mais avançadas sobre a teoria da tributação, especialmente sobre as alternativas de que as empresas dispõem para reduzir a sua carga tributária. No mesmo ano, Paolla deu um passo importante em sua carreira ao mudar de empresa, passando a ser auditora de tributos. Atualmente, ela ocupa o cargo de gerente tributária da mesma empresa.

Como professora, Paolla já realizou diversas atividades: lecionou 61 disciplinas, das quais 39 (64%) tiveram relação direta com a contabilidade tributária e as outras 22 (36%) interagiram com fundamentos da contabilidade; concedeu 9 entrevistas em diversos canais, todos com projeção estadual, especialmente sobre a declaração de Imposto de Renda de pessoa física; desenvolveu 20 produtos técnicos, como relatórios, materiais didáticos, cursos de curta duração, relacionados à gestão tributária; orientou mais de 19 pesquisas acadêmicas, das quais 17 trataram da gestão tributária; e, por fim, foi a professora homenageada de diversas turmas, coroando sua atuação como docente.

A Paolla lançou em 2017, pela Editora InterSaberes, seu primeiro livro, intitulado *Contabilidade tributária: dos conceitos à aplicação*. Essa obra, devido a sua qualidade, praticidade e profundidade, rapidamente se tornou uma bibliografia obrigatória em vários cursos de contabilidade do país.

Sobre o coração da autora, é um mistério; mas sabe-se, com certeza, que ele oferece e recebe amor da Babaloo e do Newt, seus filhos de quatro patas.

Por fim, elenco três motivos para ler esta obra:

I. Ao considerar todos os dias de vida da autora, mais do que 50% deles foram dedicados a estudar, compreender, lecionar e assessorar diversas empresas, buscando resolver dilemas relacionados à gestão de tributos.

II. Considerando-se que a sua primeira obra, *Contabilidade tributária: dos conceitos à aplicação*, publicada pela Editora InterSaberes em 2017, em menos de dois anos foi avaliada como uma das melhores produções sobre contabilidade tributária, podemos imaginar o quanto a autora evoluiu durante esse período. Assim, seu segundo livro tende a ser tão bom quanto o primeiro.

3. O amor e o respeito que a autora tem pela ciência contábil são dignos de admiração para todos aqueles que sonham com empresas mais sólidas, políticas de tributação mais justas e uma sociedade mais desenvolvida.

Portanto, divirtam-se!

Prof. Dr. Juliano Lima Soares

Líder do Grupo de Pesquisa, Estratégia, Controle e Desempenho

da Universidade Federal de Goiás (UFG)

Nosso belo dever é imaginar que há um

labirinto e um fio.

(Jorge Luis Borges, *O fio da fábula*)

Apresentação

Há tempos tenho pensado sobre o modelo tributário ideal. Escrever esta obra me fez entender que o modelo ideal não pode ser uma receita pronta, pois cada indivíduo, seja ele pessoa física, seja pessoa jurídica, tem uma renda específica. Além disso, suas despesas, aquelas que são realmente necessárias, também são bastante específicas.

O objetivo desta obra é oferecer aos estudantes de ciências contábeis e afins, assim como aos atuantes e aos interessados pela área tributária, a compreensão sobre a elaboração e a prática de um planejamento tributário, trabalho muitas vezes realizado em conjunto com profissionais de outras áreas.

Desse modo, este livro tem o intuito de levar aos estudantes e aos profissionais iniciantes uma familiaridade com as normas tributárias e conhecimento sobre os diversos modelos de estruturação tributária como forma de planejamento. A obra não contempla tudo o que pode ser feito sobre planejamento tributário, mesmo porque tal prática é bastante particular, quando se trata, principalmente, das tributações estadual e municipal.

A obra atende às áreas de tributação em âmbito federal, no que diz respeito principalmente ao Imposto de Renda, tendo extensão à Contribuição Social sobre o Lucro Líquido (CSLL), ao Programa de Integração Social (PIS), à Contribuição para o Financiamento da Seguridade Social (Cofins) e à Contribuição Previdenciária sobre a Receita Bruta (CPRB). Ainda, o livro expõe a tributação das pessoas físicas, visando ao conhecimento do Imposto de Renda Pessoa Física (IRPF) para fins de planejamento tributário.

No decorrer da leitura, você terá acesso ao conteúdo teórico sobre os temas aqui tratados, seguido de um exemplo prático, com o objetivo de auxiliar os estudos e a aplicação dos temas estudados.

No Capítulo 1, apresentaremos um breve histórico sobre a cobrança dos tributos no Brasil, assim como um levantamento da carga tributária suportada por todos nós. Além disso, mostraremos os principais conceitos de planejamento tributário e a famosa regra de *propósito negocial*. Nesse capítulo, trataremos também sobre os crimes tributários e suas penalidades.

No Capítulo 2, relembraremos a forma de apuração do Lucro Real, do Lucro Presumido e do Simples Nacional, pois entendemos que esse é o primeiro passo de um bom planejamento. Nesse capítulo, trataremos das contribuições para PIS e Cofins que seguem o regime tributário e são importantes para que se faça a escolha sobre qual regime tributário optar. Por fim, faremos breve comentário a respeito da CPRB, que tem sido utilizada como ferramenta para redução de ônus fiscal.

O Capítulo 3 é dedicado aos principais incentivos fiscais aplicados pelas pessoas jurídicas, principalmente do Lucro Real, mas que ainda são pouco empregados nas empresas.

No Capítulo 4, analisaremos as formas de reorganização societária aplicadas nos planejamentos tributários. Assim, você vai compreender os conceitos de cisão, fusão e incorporação e como essas estratégias foram e ainda podem ser utilizadas para fins fiscais. Falaremos também sobre compensação de prejuízo fiscal e do temido *goodwill*.

No Capítulo 5, veremos as formas da remuneração dos sócios das empresas e como elas podem impactar em um planejamento tributário, tanto para as pessoas jurídicas como para as pessoas físicas. Por fim, no Capítulo 6, discorreremos sobre as possibilidades de planejamento tributário voltado às pessoas físicas, assunto pouco tratado no mercado livreiro.

Ao final de cada capítulo, você encontrará um conjunto de questões complementares para que possa testar os conhecimentos adquiridos com a leitura.

Esperamos que o estudo desta obra sirva-lhe como base para a compreensão das principais modalidades de planejamento tributário do mercado e ajude-o também a usar sua experiência para identificar outros instrumentos de redução legal da carga tributária em sua empresa e em sua renda.

Preparado, então, para explorar um pouco do universo tributário?

Boa leitura!

Como aproveitar ao máximo este livro

Empregamos nesta obra recursos que visam enriquecer seu aprendizado, facilitar a compreensão dos conteúdos e tornar a leitura mais dinâmica. Conheça a seguir cada uma dessas ferramentas e saiba como estão distribuídas no decorrer deste livro para bem aproveitá-las.

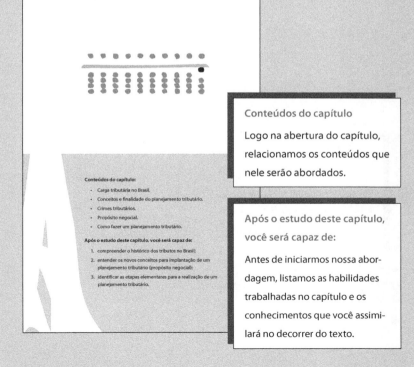

Conteúdos do capítulo

Logo na abertura do capítulo, relacionamos os conteúdos que nele serão abordados.

Após o estudo deste capítulo, você será capaz de:

Antes de iniciarmos nossa abordagem, listamos as habilidades trabalhadas no capítulo e os conhecimentos que você assimilará no decorrer do texto.

Consultando a legislação

BRASIL. Lei n. 12.741, de 8 de dezembro de 2012. **Diário Oficial da União**, Poder Legislativo, Brasília, DF, 10 dez. 2012. Disponível em: <http://www.planalto.gov.br/ccivil_03/_ato2011-2014/2012/lei/l12741.htm>. Acesso em: 14 abr. 2020.

Você pode conhecer mais sobre essa norma, consultando a lei, pelo portal do Planalto (lembre-se de que neste site as normas estarão sempre atualizadas).

Consultando a legislação

Listamos e comentamos nesta seção os documentos legais que fundamentam a área de conhecimento, o campo profissional ou os temas tratados no capítulo para você consultar a legislação e se atualizar.

Para saber mais

FARIA, R. V. Caso RBS – Análise da operação "casa-e-separa". In: CASTRO, L. F. de M. e (Coord.). **Planejamento tributário**: análise de casos. São Paulo: MP, 2014. p. 63-90.

Para saber mais sobre esse tipo de planejamento, sugerimos a leitura do texto de Renato Vilela Faria.:

Para saber mais

Sugerimos a leitura de diferentes conteúdos digitais e impressos para que você aprofunde sua aprendizagem e siga buscando conhecimento.

Perguntas & respostas

Nesta seção, respondemos a dúvidas frequentes relacionadas aos conteúdos do capítulo.

Perguntas & respostas

1. Qual o o propósito negocial para fins de planejamento tributário?

Pode-se definir como propósito negocial uma alteração realizada na organização, como uma reorganização societária que tenha objetivos econômicos, de mercado, entre outros, e que tenha, por consequência, a redução do ônus tributário suportado pela empresa. Essa denominação determina que os atos jurídicos realizados pelas empresas não tenham como objetivo exclusivo a redução de tributos, mas sim como consequência.

Síntese

Na introdução de nosso estudo sobre gestão contábil, ficamos atentos a alguns dados que nos permitiram estabelecer um panorama da inserção dos procedimentos contábeis nas atividades empresariais e a significativa abrangência que esse processo alcança na gestão como um todo. Nesse contexto, inferimos alguns dados históricos, destacamos as alterações ocorridas no Brasil a partir do novo Código Civi

---

Síntese

Ao final de cada capítulo, relacionamos as principais informações nele abordadas a fim de que você avalie as conclusões a que chegou, confirmando-as ou redefinindo-as.

Exercício resolvido

1. Considere que a Administração Pública tenha disponibilizado seus valores arrecadados no ano de X1 e que você teve acesso a tais informações, identificando que a União arrecadou R$ 10 bilhões de uma nova contribuição, R$ 70 bilhões de IPI e R$ 30 bilhões de IR. E os estados, nesse mesmo ano, arrecadaram R$ 40 bilhões de ICMS e R$ 20 bilhões de IPVA.

   Com base nessas informações hipotéticas, assinale a alternativa que apresenta o valor total que os estados brasileiros teriam de receita líquida, considerando os dados de arrecadação apresentados.
   a) R$ 63,5 bilhões.
   b) R$ 73,5 bilhões.
   c) R$ 83,5 bilhões.
   d) R$ 61,5 bilhões.
   e) R$ 70,5 bilhões.

   Resolução
   Segundo a Constituição Federal (Brasil, 1988):

   > Art. 158. Pertencem aos Municípios:
   > [...]
   > III – cinquenta por cento do produto da arrecadação do imposto do Estado sobre a propriedade de veículos automotores licenciados em seus territórios;

Exercícios resolvidos

Nesta seção, você acompanhará passo a passo a resolução de alguns problemas complexos que envolvem os assuntos trabalhados no capítulo.

Questões para revisão

1. (Cespe – 2009 – Polícia Civil/RN) Acerca da repartição das receitas tributárias, assinale a opção correta.

   a) O repasse da quota constitucionalmente devida aos municípios a título de ICMS pode sujeitar-se à condição prevista em programa de benefício fiscal de âmbito estadual.
   b) Pertencem aos municípios 50% do produto da arrecadação do ICMS do estado.
   c) Pertence aos municípios o produto da arrecadação do imposto da União sobre renda e proventos de qualquer natureza, incidente na fonte, sobre rendimentos pagos, a qualquer título, por eles, suas autarquias e pelas fundações que instituírem e mantiverem.
   d) Pertencem aos estados 50% do produto da arrecadação dos impostos que a União instituir com base no exercício de sua competência residual que lhe é atribuída pela CF.
   e) A União entregará do produto da arrecadação dos impostos sobre renda e proventos de qualquer natureza 22,5% ao Fundo de Participação dos Estados e do Distrito Federal.

2. Sabemos que a evasão fiscal é o planejamento tributário realizado depois da ocorrência do fato gerador e que, de modo geral, a elisão é o planejamento tributário realizado antes da ocorrência do fato gerador. Como podemos então definir a elusão fiscal?

3. Considerando o conteúdo estudado neste capítulo, como podemos definir o planejamento tributário?

Questões para revisão

Ao realizar estas atividades, você poderá rever os principais conceitos analisados. Ao final do livro, disponibilizamos as respostas às questões para a verificação de sua aprendizagem.

Questão para reflexão

1. Essa questão é apresentada no livro *Princípios de microeconomia* (Mankiw, 2013) e trata da capacidade contributiva do cidadão.

   O art. 145 da Constituição Federal (Brasil, 1988), em seu parágrafo 1º, dispõe que

   > §1º Sempre que possível, os impostos terão caráter pessoal e serão graduados segundo a capacidade econômica do contribuinte, facultado à administração tributária, especialmente para conferir efetividade a esses objetivos, identificar, respeitados os direitos individuais e nos termos da lei, o patrimônio, os rendimentos e as atividades econômicas do contribuinte.

   Assim, de acordo com Mankiw (2013, p. 233) "esse princípio é justificado pelo argumento de que todos os cidadãos devem fazer o 'mesmo sacrifício' para sustentar o governo". Para o autor, tal princípio nos leva a dois conceitos de equidade: a vertical e a horizontal.

   Mankiw (2013) defende que a equidade vertical está fundamentada na tese de que os contribuintes ricos devem pagar mais tributos do que os contribuintes pobres. Já a equidade horizontal se baseia na condição de que contribuintes semelhantes devem pagar tributos semelhantes. Nesse sentido, temos a tributação proporcional do imp[...]
   por exemplo, que traz a ideia de isonomi[...]
   Considerando a realidade tributária no [...]
   butar mais os contribuintes ricos? Como [...]
   tribuintes como *ricos*? Quanto a mais de t[...]
   pagar? E como determinar contribuintes [...]

Questões para reflexão

Ao propor estas questões, pretendemos estimular sua reflexão crítica sobre temas que ampliam a discussão dos conteúdos tratados no capítulo, contemplando ideias e experiências que podem ser compartilhadas com seus pares.

Planejamento tributário

I

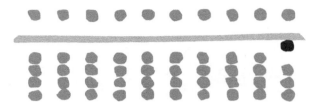

Conteúdos do capítulo:

- Carga tributária no Brasil.
- Conceitos e finalidade do planejamento tributário.
- Crimes tributários.
- Propósito negocial.
- Como fazer um planejamento tributário.

Após o estudo deste capítulo, você será capaz de:

1. compreender o histórico dos tributos no Brasil;
2. entender os novos conceitos para implantação de um planejamento tributário (propósito negocial);
3. identificar as etapas elementares para a realização de um planejamento tributário.

Por que pagamos tributos?
Essa é uma das perguntas que os contribuintes mais fazem, principalmente nas épocas em que precisam declarar sua renda e, por consequência, pagar mais imposto. Para tentar responder a essa questão vamos ter de olhar o passado, para a história do tributo no Brasil.

> A história dos tributos nas sociedades antigas confunde-se com a história da criação do Estado. Apesar de também serem usados para custear a criação de instituições como administração pública, força militar e obras públicas, a justificativa maior para cobrança de tributos residia na concepção de que o soberano era um ser divino, e que, portanto, precisava ser sustentado com grande luxo. Os tributos também eram devidos pela extração dos frutos da terra, a qual pertencia ao soberano. (Rezende; Pereira; Alencar, 2010, p. 11)

No Brasil, o pagamento do tributo iniciou-se com o pagamento do chamado *Quinto* (a quinta parte do produto da venda da madeira), explorado então pelo rei. Na época em que os portugueses aqui se instalaram, passaram a extrair o pau-brasil por meio de concessões dadas a terceiros, uma vez que o rei não possuía recursos para tanto (Rezende; Pereira; Alencar, 2010). De acordo ainda com Rezende, Pereira e Alencar (2010), no período chamado de *Brasil Imperial*, pouco mudou na estrutura tributária, porém a ordem era, agora, de Dom Pedro I, a fim de custear gastos militares.

Schoueri e Freitas (2010) preceituam que o pagamento dos tributos não tinha mais razão de existir, uma vez que o autoritarismo era passado e não haveria, assim, uma obrigação infundada para o cumprimento desse dever. Dessa forma, os sistemas constitucionais passaram a fundamentar os motivos para essa contribuição, os quais eram baseados em valores constitucionais, aplicados aos que estavam sujeitos à tributação.

Dessa maneira, a criação do tributo está ligada, muito mais evidentemente no Brasil Republicano (pós-1889), com a forma de construir e subsidiar o Estado, que é o centralizador e o administrador da sociedade. Assim, em contrapartida, o Estado tem a organização da receita pública, para a correta distribuição em serviços prestados aos cidadãos brasileiros (Schoueri; Freitas, 2010).

Com a Constituição de 1891, em aspecto tributário, foram definidas, então, as competências tributárias da União, dos estados e dos municípios e, assim, redistribuídas as rendas para cada ente (Brasil, 1891). Antes disso, havia cobrança sobreposta de tributos de União e Estado, que muitas vezes se encontravam em concorrência tributária. Além disso, a Carta Magna de 1891 acabou com impostos de épocas anteriores e que não se justificavam mais, nem política, nem economicamente (Amed; Negreiros, 2000).

Depois, com a promulgação da Constituição Federal (CF) de 1988 (Brasil, 1988), após discussões sobre o sistema tributário, que já tinha seu Código Tributário – Lei n. 5.172, de 25 de outubro de 1966 (Brasil, 1966) –, o qual ainda precisava de adequações à nova realidade econômica do país e à ordem democrática, foi que se

> tomou ciência daquilo que a mesma tratava com relação à matéria tributária. No Título IV – Da Tributação e do Orçamento, no Capítulo I, do Sistema Tributário Nacional, vinham elencados os princípios gerais da tributação, as limitações ao poder de tributar e, por fim, a distribuição das competências tributárias. (Amed; Negreiros, 2000, p. 294-295)

1.1 Carga tributária

Muito se discute no Brasil sobre a carga tributária suportada pelos contribuintes, sejam eles empresários, sejam consumidores. Já é prática em muitos estados e municípios os próprios usuários fiscalizarem o consumo e o serviço. É como se nós mesmos estivéssemos fazendo o trabalho da Administração Pública, que é o de fiscalizar e administrar a carga tributária. Esse cenário, de certa forma, torna todos os usuários da cadeia produtiva ativos e atentos à incidência tributária.

Tal condição passou a ser possível principalmente a partir da edição da Lei n. 12.741 de 8 de dezembro de 2012 (Brasil, 2012c), chamada também de *Lei do Imposto na Nota*. Essa norma tem o objetivo de informar ao consumidor final o valor do tributo incidente sobre sua compra, mostrando os impostos e as contribuições daquela operação, presentes no documento fiscal.

Consultando a legislação

BRASIL. Lei n. 12.741, de 8 de dezembro de 2012. **Diário Oficial da União**, Poder Legislativo, Brasília, DF, 10 dez. 2012. Disponível em: <http://www.planalto.gov.br/ccivil_03/_ato2011-2014/2012/lei/l12741.htm>. Acesso em: 14 abr. 2020.

Você pode conhecer mais sobre essa norma consultando-a pelo portal do Planalto (lembre-se de que nesse site as leis estarão sempre atualizadas).

Outra forma de informação direta ao contribuinte é o *site* Impostômetro (2020), que promete atualizar em tempo real a quantidade de tributos pagos em todo o Brasil. É possível verificar nele a quantidade de arrecadação por cidade, por estado ou por espécie tributária, por exemplo.

De acordo com esse *site*, desde 2016, o brasileiro precisa trabalhar 153 dias do ano só para pagar tributos. Nos anos de 2014 e de 2015, precisávamos de 151 dias para pagar tributos, dessa forma, podemos notar um aumento na carga tributada suportada.

Podemos visualizar essa evolução no Gráfico 1.1.

Gráfico 1.1 – Dias trabalhados para pagar impostos

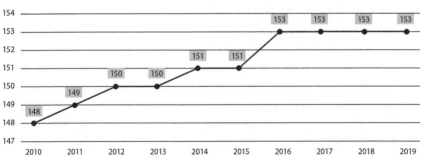

Fonte: Impostômetro, 2020.

Dessa forma, tornam-se cada vez mais relevantes os estudos tributários com o objetivo de reduzir os custos empresariais ou, ainda, estudos voltados aos incentivos fiscais disponíveis em nosso ordenamento jurídico, para aproveitamento de créditos ou redução de tributos devidos, não só para as empresas como também para as pessoas físicas.

Em outros países, a carga tributária pode ser até maior do que a nossa, como podemos visualizar no Gráfico 1.2, em que constam os 30 países com a maior carga tributária do mundo, conforme pesquisa realizada pelo Instituto Brasileiro de Planejamento Tributário (IBPT).

Gráfico 1.2 – Países com maior carga tributária do mundo

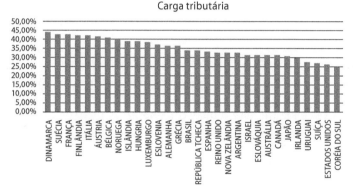

Fonte: Elaborado com base em IBPT, 2017.

No entanto, nesses países mais desenvolvidos os cidadãos recebem do governo maior retorno no que se refere a saúde e previdência, até educação e demais serviços públicos (Carlin, 2008, p. 38).

Segundo pesquisa realizada pelo IBPT, publicada em junho de 2017, "o Brasil é o país com pior retorno à população nas esferas federal, estadual e municipal, quando comparado aos 30 países que possuem as maiores cargas tributárias do mundo, em relação às áreas de saúde, educação e segurança" (IBPT, 2017).

Tabela 1.1 – *Ranking* de índice de retorno ao bem-estar da sociedade

DESCRIMINAÇÃO	IRBES - ÍNDICE DE RETORNO AO BEM ESTAR DA SOCIEDADE			
RANKING	ANO 2014			RESULTADO
30 PAÍSES DE MAIOR TRIBUTAÇÃO	C. T.[1] SOBRE O PIB[2]			RANKING
SUÍÇA	26,60%			1°
COREIA DO SUL	24,60%			2°
ESTADOS UNIDOS	26,00%			3°
AUSTRÁLIA	30,80%			4°
IRLANDA	29,90%	[...]	[...]	5°	[...]
CANADÁ	30,80%			6°
JAPÃO	30,30%			7°
NOVA ZELÂNDIA	32,40%			8°
ISRAEL	31,10%			9°
REINO UNIDO	32,60%			10°
[...]	[...]			[...]
BRASIL	**33,65%**			**30°**

FONTE: Olenike; Amaral; Amaral, 2017, p. 4, grifo do original.

Para elaborar esse índice, consideramos o conteúdo explicado no boxe a seguir.

> **CARGA TRIBUTÁRIA** É a relação percentual obtida pela divisão do total geral da arrecadação de tributos do país em todas as suas esferas (federal, estadual e municipal) em um ano, pelo valor do PIB (Produto Interno Bruto), ou seja, a riqueza gerada durante o mesmo período de mensuração do valor dos tributos arrecadados, sendo, como exemplo, no Brasil:
>
> | Ano de 2014 | Em R$ mil |
> |---|---|
> | ARRECADAÇÃO TRIBUTÁRIA: | R$ 1.913.452 |
> | PIB: | R$ 5.686.335 |
> | C.T.: | 33,65% |

---

1 Carga tributária (CT). Fonte: Organização para a Cooperação e Desenvolvimento Econômico (OCDE).
2 Produto Interno Bruto (PIB).

IDH - ÍNDICE DE DESENVOLVIMENTO HUMANO

O Índice de Desenvolvimento Humano (IDH) é uma medida comparativa de riqueza, alfabetização, educação, esperança de vida, natalidade e outros fatores para os diversos países do mundo. É uma maneira padronizada de avaliação e medida do bem-estar de uma população, especialmente bem-estar infantil.

O índice foi desenvolvido em 1990 pelo economista paquistanês Mahbubul Haq e vem sendo usado desde 1993 pelo Programa das Nações Unidas para o Desenvolvimento (PNUD) em seu relatório anual. O IDH é um índice que serve de comparação entre os países, com o objetivo de medir o grau de desenvolvimento econômico e a qualidade de vida oferecida à população. Esse índice é calculado com base em dados econômicos e sociais.

O IDH vai de 0 (nenhum desenvolvimento humano) a 1 (desenvolvimento humano total). Quanto mais próximo de 1, pode-se afirmar que esse país é o que atingiu maior grau de desenvolvimento.

IRBES - ÍNDICE DE RETORNO DE BEM ESTAR À SOCIEDADE

Para atingirmos o objetivo desse estudo, providenciamos a criação de um índice que pudesse demonstrar o nível de retorno à população dos valores arrecadados com tributos em cada país.

O **IRBES - Índice de Retorno De Bem Estar à Sociedade**, é resultado da somatória da carga tributária, ponderada percentualmente pela importância desse parâmetro, com o IDH, ponderado da mesma forma.

Fonte: Olenike; Amaral; Amaral, 2017, p. 3-4, grifo do original.

A pesquisa do IBPT (2017) ainda mostra que outros países com uma carga tributária menor ou até próxima à nacional (33,65% do PIB, em 2014) conseguem oferecer à população serviços públicos de qualidade elevada, estando, assim, na frente do Brasil. Além disso, nós, brasileiros, aparecemos na última colocação desse *ranking*.

1.2 Repartição das receitas tributárias

A Constituição Federal, em seu art. 157, apresenta a repartição dos tributos entre os entes federativos (Brasil, 1988). A seguir, demonstramos a divisão dos principais tributos arrecadados.

Tabela 1.2 – Repartição dos tributos no Brasil[3]

Competência tributária	Destinatário do repasse	Tributo	Percentual
União	Estados e Distrito Federal	IRRF sobre rendimentos pagos, a qualquer título, por eles, suas autarquias e pelas fundações que instituírem e mantiverem.	100%
União	Municípios	IRRF sobre rendimentos pagos, a qualquer título, por eles, suas autarquias e pelas fundações que instituírem e mantiverem.	100%
União	Municípios	ITR	50%*
Estados	Municípios	ICMS	25%
Estados	Municípios	IPVA	50%
União	Estados e Distrito Federal	IPI das exportações de produtos industrializados.	10%
União	Estados e Distrito Federal	IR e IPI	21,5%
União	Municípios	IR e IPI	21,5%
União	Estados e Distrito Federal	CIDE Combustíveis	29%
União	Municípios	CIDE Combustíveis	25%

Fonte: Elaborado com base em Brasil, 1988.
* 50% do ITR, como regra, podendo ser um repasse de 100% quando esse imposto for fiscalizado e cobrado pelos municípios que optarem por essa condição.

1.3 Conceitos e finalidade: o que é planejamento tributário?

Em regra, ao pensarmos em planejamento tributário, já nos remetemos à ideia de regimes de tributação e de análise de melhor enquadramento, o que ocorre em início de ano ou

[3] Siglas dos impostos: Imposto sobre Renda Retido na Fonte (IRRF); Imposto Territorial Rural ITR); Imposto sobre Circulação de Mercadorias e Serviços (ICMS); Imposto sobre a Propriedade de Veículos Automotores (IPVA); Imposto de Renda (IR); Imposto sobre Produtos Industrializados (IPI); Contribuição de Intervenção no Domínio Econômico (Cide).

quando da constituição de uma empresa. No entanto, o planejamento pode ser muito mais amplo, uma vez que podemos utilizar diversas ferramentas existentes em todos os âmbitos de incidência tributária.

O que é

Para iniciar nossos conceitos, trazemos aqui as definições dos termos planejamento e planejar, que, segundo o dicionário da língua portuguesa de Cipro Neto (2009, p. 457), significam, respectivamente, "plano de trabalho detalhado" e "fazer o plano, esboço, o roteiro. Programar".

Antes ainda, é interessante observar um conceito sobre planejamento estratégico, que está vinculado ao planejamento empresarial, e, assim, pode ser ramificado para os demais tipos de planejamentos. Segundo Padoveze (2015, p. 24), "planejar é uma estratégia para aumentar as chances de sucesso de uma empresa, em um mundo de negócios que muda constantemente". Vemos que o processo de planejamento é tão importante, se não mais, quanto a execução do que foi planejado, pois a concretização do plano depende do que foi idealizado, assim como dos resultados possíveis que tenham sido arquitetados no processo de planejamento.

Com relação ao planejamento tributário, há a necessidade de o contribuinte melhorar a eficiência das atividades econômicas de uma empresa, com a expectativa de diminuir custos e aumentar os rendimentos (Castro, 2014).

Andrade Filho (2016, p. 1044) conceitua *planejamento tributário* como a escolha de alternativas que tenham o intuito de reduzir ou eliminar o custo dos tributos, observando as oportunidades e as normas vigentes.

Chaves (2017, p. 3), por sua vez, comenta que "planejamento tributário é o processo de escolha de ação, não simulada, anterior à ocorrência do fato gerador, visando direta ou indiretamente à economia de tributos".

Diante de tais conceitos, podemos ainda explicar *planejamento tributário* como o estudo e a análise dos processos da empresa, voltados a reduzir ou a suprimir a despesa tributária, gerando, assim, maior resultado.

Quando tratamos de planejamento tributário, aparecem três figuras bastante conhecidas para caracterizá-lo: (I) elisão fiscal; (II) evasão fiscal e (III) elusão fiscal.

A **elisão fiscal** está relacionada ao bom planejamento, ou seja, ela é considerada um planejamento de fato, realizado dentro das normas vigentes, ou, ainda antes, da ocorrência do fato gerador. Para Oliveira et al. (2015, p. 26), a elisão fiscal é a forma utilizada pelo contribuinte que busca um menor impacto tributário sobre seus negócios, recorrendo a um "negócio jurídico real, verdadeiro, sem vício", isto é, à redução efetiva da carga tributária, de maneira legal, sem artifícios e admitido pela fiscalização.

Já a **evasão fiscal** – ou *sonegação fiscal*, como também é chamada – trata-se de uma operação ilegal ou ilícita, em que são utilizados meios ilegais para descaracterizar o fato gerador. Por esse motivo, é muitas vezes conceituada como uma operação depois do fato gerador. É uma forma em que o contribuinte oculta o fato já ocorrido a fim de evitar o pagamento dos tributos incidentes em tal operação.

Por último, há a **elusão fiscal**, não tão conhecida, mas relacionada ao processo de planejamento tributário. A elusão fiscal é também denominada de *elisão fictícia* (ou *elisão abusiva*), uma vez que se trata de planejamento de atos lícitos, porém carentes de causa negocial.

Um exemplo para ilustrar melhor a elusão fiscal é um planejamento que foi bastante utilizado e é conhecido como *operação casa-e-separa*. De acordo com Faria (2014, p. 65), "é a operação, por meio da qual, duas pessoas, físicas ou jurídicas, se unem para a realização de um determinado propósito comercial, empresarial ou industrial (i.e., se casam). Após um determinado período, por razões diversas, aquelas mesmas pessoas desfazem essa união".

Imagine que a empresa **A** possui quotas de ações que deseja vender. Por outro lado, temos a empresa **B**, que deseja adquirir tal ativo e, por sua vez, possui dinheiro suficiente para isso. Dessa forma, em vez de ocorrer uma operação de compra e venda, ocorre uma junção das empresas, isto é, as duas constituem uma única sociedade, trazendo um ágio passível de amortização. Em seguida, as partes se separam, e cada uma leva consigo a parte que a outra empresa ingressou. Assim, a empresa **A** sai da sociedade com dinheiro e a empresa **B**, com as quotas de capital.

A operação de constituição com posterior separação não tem impedimento legal, mas nota-se que ela somente foi realizada com propósito de planejamento tributário, não tendo nenhum propósito negocial.

Para saber mais

FARIA, R. V. Caso RBS – Análise da operação "casa-e-separa". In: CASTRO, L. F. de M. e (Coord.). **Planejamento tributário**: análise de casos. São Paulo: MP, 2014. p. 63-90.

Para saber mais sobre esse tipo de planejamento, sugerimos a leitura do texto de Renato Vilela Faria.

1.3.1 Crimes tributários

Para definição, a Lei n. 8.137, de 27 de dezembro de 1990, tipifica em seus primeiros artigos o que é crime tributário, como transcrito a seguir:

> Art. 1º Constitui crime contra a ordem tributária suprimir ou reduzir tributo, ou contribuição social e qualquer acessório, mediante as seguintes condutas.
> I – Omitir informação, ou prestar declaração falsa às autoridades fazendárias;

II – Fraudar a fiscalização tributária, inserindo elementos inexatos, ou omitindo operação de qualquer natureza, em documento ou livro exigido pela lei fiscal;
III – Falsificar ou alterar nota fiscal, fatura, duplicata, nota de venda, ou qualquer outro documento relativo à operação tributável;
IV – Elaborar, distribuir, fornecer, emitir ou utilizar documento que saiba ou deva saber falso ou inexato;
V – Negar ou deixar de fornecer, quando obrigatório, nota fiscal ou documento equivalente, relativa a venda de mercadoria ou prestação de serviço, efetivamente realizada, ou fornecê-la em desacordo com a legislação. (Brasil, 1990b)

A norma de planejamento tributário visa reprimir a evasão fiscal, uma vez que esta é todo ato ilícito voltado ao planejamento tributário. Como é possível observar nos incisos apontados, a norma vigente considera crime tributário atos como omissão de informações ao fisco, por exemplo, mesmo que, em nosso contexto, seja cada vez mais difícil fazer isso, em razão dos diversos tipos de informações digitais que o fisco vem promovendo.

Os crimes de evasão descritos têm como pena reclusão de dois a cinco anos do infrator e cobrança de multa.

1.3.2 Simulação, dissimulação, sonegação, fraude e conluio

Com a publicação da Lei Complementar (LC) n. 104, de 10 de janeiro de 200 (Brasil, 2001c), incluindo o parágrafo único do art. 116 do Código Tributário Nacional (CTN) – Lei n. 5.172, de 25 de outubro de 1966 (Brasil, 1966) –, muito se questionou quanto à validade dele e até mesmo sobre sua regulamentação, que deveria ser estabelecida por lei ordinária, o que não aconteceu. Vejamos o que diz o CTN:

Art. 116. Salvo disposição de lei em contrário, considera-se ocorrido o fato gerador e existentes os seus efeitos:
I – tratando-se de situação de fato, desde o momento em que o se verifiquem as circunstâncias materiais necessárias a que produza os efeitos que normalmente lhe são próprios;
II – tratando-se de situação jurídica, desde o momento em que esteja definitivamente constituída, nos termos de direito aplicável.
Parágrafo único. A autoridade administrativa poderá desconsiderar atos ou negócios jurídicos praticados com a finalidade de dissimular a ocorrência do fato gerador do tributo ou a natureza dos elementos constitutivos da obrigação tributária, observados os procedimentos a serem estabelecidos em lei ordinária. (Brasil, 1966)

Podemos perceber que o parágrafo único admite que o Fisco pode "desconsiderar atos ou negócios jurídicos que tenham por finalidade dissimular a ocorrência do fato gerador do tributo" (Brasil, 1966). Lembre-se de que o fato gerador é aquele que faz surgir a obrigação de pagar o tributo.

A desconsideração do planejamento irá requalificar a operação realizada pelo contribuinte, tornando-a tributada, mesmo que não haja uma lei específica determinando operações de planejamento lícitas. A requalificação do negócio poderá ainda ser considerada crime tributário.

A dissimulação e a simulação são exemplos de crimes contra a ordem tributária. Para Andrade Filho (2015, p. 1050), *dissimular* tem o "sentido de disfarçar com o objetivo de esconder ou ludibriar alguém".

O próprio Código Civil tem um conceito para simulação e dissimulação, em seu art. 167:

> Art. 167. É nulo o negócio jurídico simulado, mas subsistirá o que se dissimulou, se válido for na substância e na forma.
> § 1º Haverá simulação nos negócios jurídicos quando:
> I – aparentarem conferir ou transmitir direitos a pessoas diversas daquelas às quais realmente se conferem, ou transmitem;
> II – contiverem declaração, confissão, condição ou cláusula não verdadeira;
> III – os instrumentos particulares forem antedatados, ou pós-datados.
> § 2º Ressalvam-se os direitos de terceiros de boa-fé em face dos contraentes do negócio jurídico simulado. (Brasil, 2002a)

Torres (2012) afirma que a dissimulação pode ser considerada um mecanismo da simulação. Para o autor, "o que caracteriza a simulação é que implica a dissimulação, o fingimento ou a manipulação dos fatos praticados" (Torres, 2012, p. 49-123).

Diniz Júnior (2018, p. 29) entende *simulação* como um ato que tem "aparência normal", mas que, de fato, não o é. Segundo o autor, a "simulação evidencia a presença de duas situações, uma aparente (simulada) e outra oculta (dissimulada)" (Diniz Júnior, 2018, p. 29). Por exemplo, uma operação de venda de bens abaixo do valor de mercado ou ainda uma operação de compra e venda sem entrega de dinheiro, para disfarçar uma doação.

Para os crimes contra a ordem tributária, além das penalidades de reclusão e de detenção, existem as multas previstas nos arts. 8º ao 10º da Lei n. 8.137/1990, como descrito a seguir:

> Art. 8° Nos crimes definidos nos arts. 1° a 3° desta lei, a pena de multa será fixada entre 10 (dez) e 360 (trezentos e sessenta) dias-multa, conforme seja necessário e suficiente para reprovação e prevenção do crime.
> Parágrafo único. O dia-multa será fixado pelo juiz em valor não inferior a 14 (quatorze) nem superior a 200 (duzentos) Bônus do Tesouro Nacional BTN.
> Art. 9° A pena de detenção ou reclusão poderá ser convertida em multa de valor equivalente a:

I – 200.000 (duzentos mil) até 5.000.000 (cinco milhões) de BTN, nos crimes definidos no art. 4º;

II – 5.000 (cinco mil) até 200.000 (duzentos mil) BTN, nos crimes definidos nos arts. 5º e 6º;

III – 50.000 (cinquenta mil) até 1.000.000 (um milhão de BTN), nos crimes definidos no art. 7º.

Art. 10. Caso o juiz, considerado o ganho ilícito e a situação econômica do réu, verifique a insuficiência ou excessiva onerosidade das penas pecuniárias previstas nesta lei, poderá diminuí-las até a décima parte ou elevá-las ao décuplo. (Brasil, 1990b)

As multas de ofício por inadimplemento, de caráter civil, estão previstas no art. 44 da Lei n. 9.430, de 27 de dezembro de 1996 (Brasil, 1996). A multa inicial para o caso de fiscalização com aplicação de penalidade pelo crime tributário está prevista em 75%, calculados sobre o valor do tributo não pago, podendo ainda ser aplicada tal multa pela falta de declaração ou pela declaração inexata.

Caso seja identificado crime de sonegação fiscal ou de conluio, a multa pode ser dobrada, chegando a 150%, calculada sobre o valor do tributo devido.

1.4 Causa ou propósito negocial/econômico

Recentemente, o planejamento tributário mudou, devendo ter um propósito negocial que possa embasar o planejamento realizado, isso porque o Fisco não tem mais aceitado planejamentos que tenham como premissa majoritariamente a economia tributária, mas uma motivação que tenha por consequência a redução do ônus tributário. Para Schoueri e Freitas (2010), o Fisco Federal chegou a desprezar um bom número de realizações particulares, declarando que a justificativa dos agentes econômicos foi apenas (ou em maior parte) a economia tributária.

Dessa forma, em 2015, foi publicada a Medida Provisória (MP) n. 685, de 21 de julho de 2015 (Brasil, 2015b), estabelecendo que o contribuinte enviasse à Administração Pública as operações realizadas no ano anterior ao que tivesse envolvimento com planejamentos com suspensão, redução ou diferimento de tributo. A norma ainda previa que, caso a secretaria da Receita Federal não reconhecesse o planejamento, o contribuinte seria intimado a recolher ou a parcelar os tributos devidos. Tal MP não foi convertida em lei, perdendo, assim, sua validade.

"O **propósito negocial**, entendido como o **motivo** do negócio jurídico ou a sua **causa**, pode ser admitido como limite à liberdade do contribuinte em organizar seus negócios como bem entender" (Esaf, 2010, grifo do original).

Por esse motivo, é muito importante que o planejamento tributário tenha um propósito negocial, societário, econômico e com consequências tributárias. Além disso, é interessante que o contribuinte mantenha documentação de todo o estudo, caso sofra alguma fiscalização.

Perguntas & respostas

1. Qual o o propósito negocial para fins de planejamento tributário?

Pode-se definir como propósito negocial uma alteração realizada na organização, como uma reorganização societária que tenha objetivos econômicos, de mercado, entre outros, e que tenha, por consequência, a redução do ônus tributário suportado pela empresa. Essa denominação determina que os atos jurídicos realizados pelas empresas não tenham como objetivo exclusivo a redução de tributos, mas sim como consequência.

1.5 Possibilidades de realização de um planejamento (como fazê-lo)

Ao imaginar um planejamento tributário, inicialmente, é necessário que a pessoa responsável por isso conheça o negócio empresarial; mesmo que ela seja externa à empresa, deve iniciar o trabalho sabendo os processos, os prazos e os clientes e, então, iniciar o estudo tributário. Além disso, é imprescindível dominar a fundo a legislação tributária aplicada na operação.

Não há uma "receita de bolo" para o estudo tributário em geral, pois as empresas têm suas particularidades e a legislação fiscal é bastante ampla. No entanto, Chaves (2017, p. 5) traz alguns procedimentos interessantes que podem ser seguidos, de modo geral, para iniciar o plano:

> 1) Fazer o levantamento histórico da empresa, identificando a origem de todas as transações efetuadas, e escolher a ação menos onerosa para os fatos futuros;
> 2) Verificar a ocorrência de todos os fatos gerados dos tributos pagos e analisar se houve cobrança indevida ou recolhimentos a maior;
> 3) Verificar se houve ação fiscal sobre os fatos geradores decaídos, pois os créditos constituídos após cinco anos são indevidos;
> 4) Analisar, anualmente, qual melhor forma de tributação do Imposto de Renda e da contribuição sobre o lucro líquido calculado de que forma (real ou presumida) a empresa pagará menos tributos;
> 5) Levantar o montante dos tributos pagos nos últimos cinco anos, para identificar se existem créditos ficais não aproveitados pela empresa.

Perceba que, mesmo que não exista uma "fórmula" para o planejamento, é importante seguir alguns passos, para que ele seja válido e tenha uma causa lícita e aceitável.

Após o passo inicial, há de se responder se o planejamento tem propósito, se há documentação que acoberte os fatos realizados. Borges (2015, p. XIVIII) demonstra ainda práticas importantes ao plano tributário, visando a sua validade:

> a) Verificar se a economia de impostos é oriunda de ação ou omissão anterior a concretização da hipótese normativa de incidência;
> b) Examinar se a economia de impostos é decorrente de ação ou omissão legítima;
> c) Analisar se a economia de impostos é proveniente de ação realizada por meio de formas de direito privado normais, típicas ou adequada;
> d) Investigar se a economia de impostos resultou de ação ou conduta realizadas igualmente a suas formalizações nos correspondentes documentos e registros fiscais

Para a excelência e o sucesso no planejamento tributário, é importante que essas verificações sejam observadas e cumpridas, pois, segundo a Escola de Administração Fazendária (Esaf, 2010), "o direito está sempre na dependência de demonstração da ocorrência de determinados fatos, os quais se encontram previstos nas hipóteses de incidência das normas jurídicas".

Síntese

Neste primeiro capítulo, explicamos brevemente o surgimento dos tributos no Brasil, assim como pudemos ter uma visão geral da carga tributária suportada por todos nós, contribuintes.

A ideia principal foi tratar da ferramenta do planejamento tributário e de seus objetivos, de como podemos utilizá-lo, do que é importante para iniciá-lo em uma organização e, principalmente, de identificar um motivo que não seja somente a redução do ônus tributário.

Mostramos ainda o que a legislação considera crime contra a ordem tributária, assim como suas penalidades. Pudemos observar que as penas principais sugeridas na legislação podem ser alteradas por penas restritivas de direitos, a depender do réu.

Exercício resolvido

1. Considere que a Administração Pública tenha disponibilizado seus valores arrecadados no ano de X1 e que você teve acesso a tais informações, identificando que a União arrecadou R$ 10 bilhões de uma nova contribuição, R$ 70 bilhões de IPI e R$ 30 bilhões de IR. E os estados, nesse mesmo ano, arrecadaram R$ 40 bilhões de ICMS e R$ 20 bilhões de IPVA.

   Com base nessas informações hipotéticas, assinale a alternativa que apresenta o valor total que os estados brasileiros teriam de receita liquida, considerando os dados de arrecadação apresentados.
   a) R$ 63,5 bilhões.
   b) R$ 73,5 bilhões.
   c) R$ 83,5 bilhões.
   d) R$ 61,5 bilhões.
   e) R$ 70,5 bilhões.

   Resolução
   Segundo a Constituição Federal (Brasil, 1988):

   > Art. 158. Pertencem aos Municípios:
   > [...]
   > III – cinquenta por cento do produto da arrecadação do imposto do Estado sobre a propriedade de veículos automotores licenciados em seus territórios;

IV – vinte e cinco por cento do produto da arrecadação do imposto do Estado sobre operações relativas à circulação de mercadorias e sobre prestações de serviços de transporte interestadual e intermunicipal e de comunicação.

[...]

Art. 159. A União entregará:

I – do produto da arrecadação dos impostos sobre renda e proventos de qualquer natureza e sobre produtos industrializados, 49% (quarenta e nove por cento), na seguinte forma:

a) vinte e um inteiros e cinco décimos por cento ao Fundo de Participação dos Estados
e do Distrito Federal;

[...]

II – do produto da arrecadação do imposto sobre produtos industrializados, dez por cento aos Estados e ao Distrito Federal, proporcionalmente ao valor das respectivas exportações de produtos industrializados.

Assim, temos:

Receita líquida dos estados brasileiros

Tributo	Valor arrecadado (R$)	Porcentagem dos estados	Valor para os estados (R$)
Contribuição	10.000.000.000,00	0%	
IPI	70.000.000.000,00	21,50%	15.050.000.000,00
IR	30.000.000.000,00	21,50%	6.450.000.000,00
ICMS	40.000.000.000,00	75%	30.000.000.000,00
IPVA	20.000.000.000,00	50%	10.000.000.000,00
Total dos estados			R$ 61.500.000.000,00

Dessa forma, a alternativa correta é a d.

Questões para revisão

1. (Cespe – 2009 – Polícia Civil/RN) Acerca da repartição das receitas tributárias, assinale a opção correta.

    a) O repasse da quota constitucionalmente devida aos municípios a título de ICMS pode sujeitar-se à condição prevista em programa de benefício fiscal de âmbito estadual.
    b) Pertencem aos municípios 50% do produto da arrecadação do ICMS do estado.
    c) Pertence aos municípios o produto da arrecadação do imposto da União sobre renda e proventos de qualquer natureza, incidente na fonte, sobre rendimentos pagos, a qualquer título, por eles, suas autarquias e pelas fundações que instituírem e mantiverem.
    d) Pertencem aos estados 50% do produto da arrecadação dos impostos que a União instituir com base no exercício de sua competência residual que lhe é atribuída pela CF.
    e) A União entregará do produto da arrecadação dos impostos sobre renda e proventos de qualquer natureza 22,5% ao Fundo de Participação dos Estados e do Distrito Federal.

2. Sabemos que a evasão fiscal é o planejamento tributário realizado depois da ocorrência do fato gerador e que, de modo geral, a elisão é o planejamento tributário realizado antes da ocorrência do fato gerador. Como podemos então definir a elusão fiscal?

3. Considerando o conteúdo estudado neste capítulo, como podemos definir o planejamento tributário?

4. (Inep – 2018 – Enade – Direito) A organização tributária de um país pode resultar em diminuição ou aumento das desigualdades sociais. Conforme o atual sistema tributário brasileiro, a tributação é constituída por tributos diretos – que recaem sobre o patrimônio e a renda – e por tributos indiretos – que incidem sobre o consumo. A tributação direta tem caráter mais progressivo e atende de maneira mais justa aos ditames da igualdade e da capacidade contributiva. Já a tributação indireta possui caráter mais regressivo, pois ricos e pobres contribuem com um mesmo valor na compra de um produto, mercadoria ou aquisição de serviço. São vários os efeitos de um sistema que privilegia uma carga tributária incidente sobre o consumo em detrimento do patrimônio e da renda. Um deles é:

a) a inibição do consumo.
b) a expansão da economia.
c) o crescimento da geração de emprego.
d) a maior competividade entre as empresas.
e) a diminuição de preços de produtos industrializados.

5. Não constitui crime contra a ordem tributária, de acordo com o art. 1º da Lei n. 8.137/1990:

a) Omitir informação ou prestar declaração falsa às autoridades fazendárias.
b) Falsificar ou alterar nota fiscal, fatura, duplicata, nota de venda ou qualquer outro documento relativo à operação tributável.
c) Elaborar, distribuir, fornecer, emitir ou utilizar documento que saiba ou deva saber ser falso ou inexato.
d) Prestar informação verídica ao Fisco por meio das diversas declarações exigidas por ele.
e) Fraudar a fiscalização tributária, inserindo elementos inexatos ou omitindo operação de qualquer natureza, em documento ou livro exigido pela lei fiscal.

Questão para reflexão

1. Essa questão é baseada no livro *Princípios de microeconomia* (Mankiw, 2013) e trata da capacidade contributiva do cidadão.

   O art. 145 da Constituição Federal (Brasil, 1988), em seu parágrafo 1º, dispõe que

   > §1º Sempre que possível, os impostos terão caráter pessoal e serão graduados segundo a capacidade econômica do contribuinte, facultado à administração tributária, especialmente para conferir efetividade a esses objetivos, identificar, respeitados os direitos individuais e nos termos da lei, o patrimônio, os rendimentos e as atividades econômicas do contribuinte.

   Assim, de acordo com Mankiw (2013, p. 233) "esse princípio é justificado pelo argumento de que todos os cidadãos devem fazer o 'mesmo sacrifício' para sustentar o governo". Para o autor, tal princípio nos leva a dois conceitos de equidade: a vertical e a horizontal.

   Mankiw (2013) defende que a equidade vertical está fundamentada na tese de que os contribuintes ricos devem pagar mais tributos do que os contribuintes pobres. Já a equidade horizontal se baseia na condição de que contribuintes semelhantes devem pagar tributos semelhantes. Nesse sentido, temos a tributação proporcional do imposto sobre a renda, por exemplo, que traz a ideia de isonomia tributária.

   Considerando a realidade tributária no Brasil, há como tributar mais os contribuintes ricos? Como classificar os contribuintes como *ricos*? Quanto a mais de tributos eles devem pagar? E como determinar contribuintes semelhantes?

Planejamento tributário voltado aos regimes de tributação

2

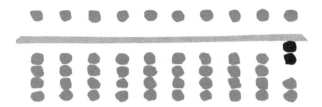

Conteúdos do capítulo:

- Regime de tributação do Lucro Real e do Lucro Presumido.
- Simples Nacional.
- Contribuições sociais – PIS, Cofins e CPRB.

Após o estudo deste capítulo, você será capaz de:

1. apontar as diferenças entre os regimes do Lucro Real e do Lucro Presumido;
2. reconhecer as novas regras aplicáveis ao Simples Nacional a partir de janeiro de 2018;
3. compreender como funcionam as contribuições calculadas sobre o faturamento e suas possibilidades para o planejamento tributário.

O planejamento mais comum – e que pode ser realizado anualmente – é com relação ao regime tributário. Logicamente, não é a única forma de se realizar um estudo quanto ao ônus tributário, uma vez que existem atividades que não têm opção de regime de tributação. No entanto, podemos dizer que tal análise é a primeira forma para um bom planejamento empresarial.

Para que seja realizado o estudo correto dos regimes tributários, é necessário conhecimento do negócio da empresa e da legislação para buscar as melhores alternativas. Assim, vamos conhecer agora como funcionam os principais regimes tributários aplicados no Brasil e suas particularidades.

2.1   Lucro Real: regra geral de tributação

Lucro Real é o lucro ajustado conforme determinações fiscais previstas na legislação do Imposto de Renda (IR). É considerado o regime de tributação mais complexo; entretanto, é a forma de apuração do Imposto de Renda Pessoa Jurídica (IRPJ) e da Contribuição Social sobre o Lucro Líquido (CSLL) sobre o lucro efetivo da organização. Isto é, uma vez apurado lucro, haverá o pagamento dos referidos tributos; caso a empresa apresente prejuízo, não haverá base para tributação.

Todas as empresas podem optar pela tributação com base no Lucro Real, porém existem algumas operações e atividades que obrigam a tributação por esse regime tributário:

- Receita total, no ano calendário anterior, superior a R$ 78 milhões ou proporcional ao número de meses, quando inferior a 12 meses, considerando valor mensal de R$ 6,5 milhões.

- Atividade de bancos comerciais, bancos de investimentos e bancos de desenvolvimento; caixas econômicas; sociedades de crédito, de financiamento e de investimento; sociedades de crédito imobiliário; sociedades corretoras de títulos, de valores mobiliários e de câmbio; distribuidoras de títulos e de valores mobiliários; empresas de arrendamento mercantil; cooperativas de crédito; empresas de seguros privados e de capitalização; e entidades de previdência privada aberta.

- Empresa que tenha recebido lucros, rendimentos ou ganhos de capital oriundos do exterior.

- Empresas que usufruam de incentivos fiscais.

- Empresas que explorem as atividades de prestação cumulativa e contínua de serviços de assessoria creditícia ou mercadológica; de gestão de crédito, de seleção e de riscos; de administração de contas a pagar e a receber; de compras de direitos creditórios resultante de vendas mercantis a prazo; ou de prestação de serviços (*factoring*) (Brasil, 2018).

Esse regime está previsto no art. 258 do novo Regulamento do Imposto de Renda (RIR) – Decreto n. 9.580, de 22 de novembro de 2018 –, que o conceitua como:

> Art. 258. O lucro real é o lucro líquido do período de apuração ajustado pelas adições, exclusões ou compensações prescritas ou autorizadas por este Regulamento (Decreto-Lei nº 1.598, de 1977, art. 6º, caput).
>
> § 1º A determinação do lucro real será precedida da apuração do lucro líquido de cada período de apuração em observância às disposições das leis comerciais (Lei nº 8.981, de 1995, art. 37, § 1º). (Brasil, 2018)

Dessa forma, podemos observar que o lucro apurado na escrituração contábil, por meio da demonstração de resultado do exercício, será ajustado de acordo com a legislação fiscal. Esse ajuste é realizado de forma extracontábil, por meio do Livro de Apuração do Lucro Real (Lalur) e do Livro de Apuração da Contribuição Social (Lacs).

Assim, quando falamos de *lucro* ou *prejuízo* para fins de apuração do IRPJ e da CSLL, referimo-nos ao lucro fiscal ou ao prejuízo fiscal apurado na escrituração fiscal e não contábil.

Esses ajustes são realizados com base na legislação do IR, cujo próprio regulamento já foi citado, e com base na Lei n. 12.973, de 13 de maio de 2014 (Brasil, 2014b), que trata da regulamentação das normas internacionais de contabilidade para fins societários. Não podemos imaginar a apuração dos tributos sem o conhecimento prévio das referidas normas.

Os ajustes, como mencionado no art. 258 do RIR/2018, são feitos por adições, exclusões e compensações.

Antes de explicarmos a que se refere cada um dos ajustes, vamos relembrar como encontramos o lucro contábil na demonstração de resultado do exercício: de forma sucinta, o resultado é apurado pelas receitas, pelos custos e pelas despesas. Dessa forma, quanto mais despesas a empresa tiver, menor será seu resultado, assim como quanto maior for a quantidade de receitas, maior será seu resultado. No entanto, nem todas as despesas contábeis podem diminuir o resultado fiscal, bem como nem todas as receitas são tributadas.

Desse modo, as adições mencionadas na norma referem-se às despesas escrituradas contabilmente, que, de início, diminuem o resultado. Nesse sentido, na apuração do IR e da contribuição social, tais despesas devem ser somadas ao lucro, aumentando, assim, a base tributável.

O art. 311 do Decreto n. 9.580/2018 conceitua os tipos de despesas que podem ser dedutíveis na apuração do Lucro Real, ou seja, as despesas operacionais: "Art. 311. São operacionais as despesas não computadas nos custos, necessárias à atividade da empresa e à manutenção da fonte produtora" (Brasil, 2018).

Isto é, podemos considerar **despesas dedutíveis** (ou também chamadas de *despesas boas*) aqueles gastos necessários para as operações relacionadas à atividade empresarial.

São exemplos de **despesas indedutíveis**, ou seja, que devem ser adicionadas na apuração do Lucro Real, gastos com brindes, com doações em regra geral e com provisões diversas e perdas não incorridas, com depreciação societária, quando superior à taxa fiscal, entre outras previstas na legislação.

Já as exclusões, segundo Hauser (2017, p. 98), "podem ser caracterizadas como outras receitas escrituradas, mas que não estão sujeitas à tributação – por exemplo, os rendimentos de equivalência patrimonial e os lucros recebidos de outras participações societárias".

Consultando a legislação

BRASIL. Instrução Normativa RFB n. 1.700, de 14 de março de 2017. **Diário Oficial da União**, Brasília, DF, 16 mar. 2017. Disponível em: <http://normas.receita.fazenda.gov.br/sijut2consulta/link.action?id Ato=81268&visao=anotado>. Acesso em: 15 abr. 2020.

Para saber todas as despesas que a legislação fiscal considera como indedutíveis, ou seja, passíveis de adição ao lucro, ou, até mesmo, as receitas que não são tributadas, você pode consultar a Instrução Normativa RFB n. 1.700, de 14 de março de 2017. Os anexos I e II dessa normativa apresentam uma tabela com as despesas e as receitas que devem ser ajustadas (adições e exclusões) na apuração do Lucro Real.

As compensações referem-se aos prejuízos fiscais acumulados de períodos anteriores. Como explicado anteriormente, a apuração da base de cálculo no Lucro Real é realizada pela apuração fiscal, com as adições e as exclusões; dessa forma, o Lucro Real apurado pode ser diferente do contábil, e ainda é possível computar um prejuízo, e não um lucro, que será denominado de *prejuízo fiscal*. Esse prejuízo pode ficar, de certa forma, guardado para compensação futura.

Mas como é feita essa compensação?

Os livros de apuração Lalur e Lacs têm duas partes: na parte A, há a escrituração dos ajustes e, na parte B, estão armazenados os saldos que serão utilizados em apurações futuras, dentre eles, os prejuízos fiscais calculados em períodos anteriores. Tais prejuízos poderão ser compensados com os lucros (fiscais) apurados, sendo limitada a compensação em 30% do Lucro Real do intervalo Além disso, os prejuízos fiscais podem ser compensados, independentemente do tempo, uma vez que não estão sujeitos a prazo prescricional.

A apuração pelo Lucro Real pode ser feita com base em períodos trimestrais ou em um período anual, com recolhimentos mensais, conforme opção da empresa. Uma vez feita a escolha, não há possibilidade de alterá-la no mesmo exercício.

Na apuração trimestral, o contribuinte deverá contabilizar o resultado em cada um dos quatro trimestres do ano e realizar os ajustes nesses intervalos. Nessa forma de apuração, o encerramento deverá ocorrer nos meses de março, junho, setembro e dezembro, sem possibilidade de acumularem-se resultados superiores a esses.

Já no Lucro Real anual, a apuração deverá, obrigatoriamente, ser feita mensalmente, por estimativa ou balancete de redução/suspensão do imposto. A estimativa mensal é a contagem realizada em bases de lucro estimadas, conforme atividade, gerando uma antecipação de imposto e de contribuição para o Fisco, que será ajustada no final do exercício.

Os percentuais de apuração do lucro são os demonstrados na Tabela 2.1.

Tabela 2.1 – Percentuais de estimativa/presunção por atividade

IRPJ	CSLL	ATIVIDADE
1,6%	12%	Na revenda, para consumo, de combustível derivado de petróleo, álcool etílico carburante e gás natural.
8%	12%	Na prestação de serviços hospitalares e de auxílio diagnóstico e terapia, fisioterapia e terapia ocupacional, fonoaudiologia, patologia clínica, imagenologia, radiologia, anatomia patológica e citopatologia, medicina nuclear, análises e patologias clínicas, exames por métodos gráficos, procedimentos endoscópicos, radioterapia, quimioterapia, diálise e oxigenoterapia hiperbárica, desde que a prestadora desses serviços seja organizada sob a forma de sociedade empresária e atenda às normas da Agência Nacional de Vigilância Sanitária (Anvisa).
8%	12%	Na prestação de serviços de transporte de carga.
8%	12%	Nas atividades imobiliárias relativas a desmembramento ou loteamento de terrenos, incorporação imobiliária, construção de prédios destinados à venda e à venda de imóveis construídos ou adquiridos para revenda.
8%	12%	Na atividade de construção por empreitada com emprego de todos os materiais indispensáveis a sua execução, sendo tais materiais incorporados à obra.
16%	12%	Na prestação de serviços de transporte, exceto de cargas.
16%	12%	Nas atividades desenvolvidas por bancos comerciais, bancos de investimentos e bancos de desenvolvimento; caixas econômicas; sociedades de crédito, de financiamento e de investimento; sociedades de crédito imobiliário; sociedades corretoras de títulos, de valores mobiliários e de câmbio; distribuidoras de títulos e de valores mobiliários; empresas de arrendamento mercantil; cooperativas de crédito; empresas de seguros privados e de capitalização; e entidades de previdência privada aberta.

(continua)

(Tabela 2.1 – conclusão)

IRPJ	CSLL	ATIVIDADE
32%	32%	Prestação de serviços relativos ao exercício de profissão legalmente regulamentada.
32%	32%	Intermediação de negócios.
32%	32%	Administração, locação ou cessão de bens imóveis, móveis e direitos de qualquer natureza.
32%	32%	Construção por administração ou por empreitada unicamente de mão de obra ou com emprego parcial de materiais.
32%	32%	Construção, recuperação, reforma, ampliação ou melhoramento de infraestrutura, no caso de contratos de concessão de serviços públicos, independentemente do emprego parcial ou total de materiais.
32%	32%	Prestação cumulativa e contínua de serviços de assessoria creditícia ou mercadológica; de gestão de crédito, de seleção e de riscos; de administração de contas a pagar e a receber; de compras de direitos creditórios resultante de vendas mercantis a prazo; ou de prestação de serviços (*factoring*).
32%	32%	Coleta e transporte de resíduos até aterros sanitários ou local de descarte.
32%	32%	Prestação de qualquer outra espécie de serviço não mencionada neste parágrafo.

Fonte: Elaborado com base em Brasil, 2017b.

A apuração é realizada pela receita bruta mensal, aplicando-se os percentuais descritos na Tabela 2.1, para então encontrar o lucro estimado do mês, que será a base de cálculo do IRPJ e da CSLL.

Na apuração pelo balancete de redução e suspensão, deve-se ter escrituração contábil em dia, "uma vez que, para esse cálculo, deve-se partir do lucro contábil apurado na DRE, com as devidas adições e exclusões autorizadas e previstas na legislação" (Hauser, 2017, p. 106).

As alíquotas previstas na apuração pelo Lucro Real são:
- Imposto de Renda (IR) – 15% (alíquota básica);
- Adicional do IR – 10% (sobre o valor da base de cálculo que exceder R$ 20 mil por mês de apuração);
- Contribuição Social sobre o Lucro Líquido (CSLL) – 9% (regra geral).

Vejamos dois exemplos de apuração pelo balancete de redução e suspensão.

Tabela 2.2 – Apuração pelo balancete de redução e suspensão: exemplo 1 (em R$)

Competência	Janeiro	Fevereiro	Março	Abril	Maio	Junho	Julho	Agosto	Setembro	Outubro	Novembro	Dezembro
LAIR*	(945.414,48)	(1.259.935,14)	(1.168.916,87)	(1.518.832,87)	(375.445,87)	(999.283,99)	(1.500.396,25)	(285.456,04)	(1.188.368,14)	(978.595,76)	(874.972,11)	(560.798,89)
ADIÇÕES	125.000,00	125.000,00	125.000,00	135.000,00	135.000,00	135.000,00	135.000,00	150.000,00	165.000,00	165.000,00	165.000,00	245.000,00
Provisões trabalhistas	100.000,00	100.000,00	100.000,00	100.000,00	100.000,00	100.000,00	100.000,00	100.000,00	100.000,00	100.000,00	100.000,00	180.000,00
Brindes	25.000,00	25.000,00	25.000,00	35.000,00	35.000,00	35.000,00	35.000,00	50.000,00	50.000,00	50.000,00	50.000,00	50.000,00
Multas	–	–	–	–	–	–	–	–	15.000,00	15.000,00	15.000,00	15.000,00
EXCLUSÕES	–	–	–	–	–	–	–	–	–	–	–	–
BASE AJUSTADA	(820.414,48)	(1.134.935,14)	(1.043.916,87)	(1.383.832,87)	(240.445,87)	(864.283,99)	(1.365.396,25)	(135.456,04)	(1.023.368,14)	(813.595,76)	(709.972,11)	(315.798,89)
(–) Compensação												
PREJUÍZO FISCAL	(820.414,48)	(1.134.935,14)	(1.043.916,87)	(1.383.832,61)	(240.445,87)	(864.283,99)	(1.365.396,25)	(135.456,04)	(1.023.368,14)	(813.595,76)	(709.972,11)	(315.798,89)

* Lucro Antes do Imposto de Renda (Lair)

Tabela 2.3 – Apuração pelo balancete de redução e suspensão: exemplo 2 (em R$)

Competência	Janeiro	Fevereiro	Março	Abril	Maio	Junho	Julho	Agosto	Setembro	Outubro	Novembro	Dezembro
LAIR	1.520.817,20	1.788.871,20	1.800.211,20	1.796.631,20	1.750.661,20	493.661,20	(385.475,80)	(652.478,80)	(73.259,80)	1.084.649,20	1.580.439,20	2.547.569,20
ADIÇÕES	96.000,00	96.000,00	96.000,00	97.500,00	97.500,00	97.500,00	110.500,00	110.500,00	111.010,00	111.010,00	116.010,00	186.010,00
Provisões trabalhistas	80.000,00	80.000,00	80.000,00	80.000,00	80.000,00	80.000,00	80.000,00	80.000,00	80.000,00	80.000,00	80.000,00	150.000,00
Brindes	16.000,00	16.000,00	16.000,00	16.000,00	16.000,00	16.000,00	29.000,00	29.000,00	29.000,00	29.000,00	34.000,00	34.000,00
Multas	–	–	–	1.500,00	1.500,00	1.500,00	1.500,00	1.500,00	2.010,00	2.010,00	2.010,00	2.010,00
EXCLUSÕES	–	–	–	–	–	–	–	–	–	–	–	(630.000,00)
Receita de equivalência	–	–	–	–	–	–	–	–	–	–	–	(630.000,00)
BASE AJUSTADA	1.616.871,20	1.884.871,20	1.896.211,20	1.894.131,20	1.848.161,20	591.161,20	(274.975,80)	(541.978,80)	37.750,20	1.195.659,20	1.696.449,20	2.103.579,20
(–) Compensação	(485.061,36)	(565.461,36)	(568.863,36)	(568.239,36)	(554.448,36)	(177.348,36)	–	–	(11.325,06)	(358.697,76)	(508.934,76)	(631.073,76)
LUCRO REAL	1.131.809,84	1.319.409,84	1.327.347,84	1.325.891,84	1.293.712,84	413.812,84	(274.975,80)	(541.978,80)	26.425,14	836.961,44	1.187.514,44	1.472.505,44
IRPJ 15%	169.771,48	197.911,48	199.102,18	198.883,78	194.056,93	62.071,93	–	–	3.963,77	125.544,22	178.127,17	220.875,82
Adicional 10%	111.180,98	127.940,98	126.734,78	124.589,18	119.371,28	29.381,28	–	–	–	63.696,14	96.751,44	123.250,54
Total IRPJ mês	280.952,46	325.852,46	325.836,96	323.472,96	313.428,21	91.453,21	–	–	3.963,77	189.240,36	274.878,61	344.126,36
(–) IR devido mês anterior	–	(280.952,46)	(325.852,46)	(325.852,46)	(325.852,46)	(325.852,46)	–	–	(325.852,46)	(325.852,46)	(325.852,46)	(325.852,46)
IRPJ a pagar	280.952,46	44.900,00	–	–	–	–	–	–	–	–	–	18.273,46
CSLL 9%	101.862,89	118.746,89	119.461,31	119.330,27	116.434,16	37.243,16	–	–	2.378,26	75.326,53	106.876,30	132.525,49
(–) CS devida mês anterior	–	(101.862,89)	(101.746,89)	(119.461,31)	(119.461,31)	(119.461,31)	–	–	(119.461,31)	(119.461,31)	(119.461,31)	(119.461,31)
CSLL a pagar	101.862,89	16.884,00	714,42	–	–	–	–	–	–	–	–	13.064,18

Você pode notar, no exemplo da Tabela 2.2, que em todo o período contabilizamos resultado negativo, ou seja, prejuízo fiscal, logo não há apuração de IR e de contribuição social, uma vez que no Lucro Real somente apuramos tais tributos quando há lucro fiscal.

Note ainda que o Lucro Antes do Imposto de Renda (Lair), assim como as despesas adicionadas ao lucro (provisões trabalhistas, brindes e multas), são acumulados conforme os meses são calculados. Esse é o modelo de apuração pelo balancete mensal, em que apresentamos o resultado efetivo mês a mês, mas de forma acumulada até dezembro.

No exemplo da Tabela 2.3, você pode observar que o resultado foi positivo em alguns meses e negativo em outros. Em janeiro, a empresa apresentou resultado positivo, gerando IRPJ e CSLL a pagar. No mês de fevereiro, também há lucro fiscal, gerando IR e contribuição social devidos. No entanto, o valor pago no primeiro mês é deduzido no segundo. Isso ocorre porque nesse método de apuração o Lair é acumulado desde janeiro. Assim, como janeiro também compõe o saldo de lucro no resultado, é abatido o que foi pago nesse mês do valor devido. A isso dá-se o nome de *balancete de redução do imposto*.

Já em março, deve-se deduzir o total pago em todos os meses anteriores, ou seja, janeiro e fevereiro, uma vez que o resultado está acumulado. No exemplo, o total pago nos meses anteriores é maior do que o devido no mês para o IRPJ; assim, não há pagamento do imposto nesse mês; isso é o que chamamos de *balancete de suspensão*.

Até junho temos, então, o balancete de suspensão. Nos meses de julho e agosto, o resultado foi negativo, assim não foi realizado o cálculo dos tributos, uma vez que eles só acontecem quando há lucro. De setembro a novembro, o resultado é positivo, no entanto, há balancete de suspensão, pois os valores devidos de IRPJ e CSLL são menores do que os valores já recolhidos anteriormente.

Em dezembro, há um aumento do lucro, gerando, assim, uma diferença a pagar de IR e de contribuição social.

Lembramos ainda que a apuração do adicional de IR tem sua base alterada devido ao acúmulo dos meses, pois ele é calculado sobre o valor que exceder o Lucro Real em R$ 20 mil ao mês. Ou seja, em fevereiro, o adicional foi calculado sobre a base que ultrapassar R$ 40 mil e assim sucessivamente, até chegar a dezembro, em que o cálculo do adicional é feito sobre o valor da base que ultrapassar R$ 240 mil.

2.2 Lucro Presumido: regra geral de tributação

Esse regime de apuração refere-se à tributação do IRPJ e da CSLL com base em uma presunção de lucro, relacionada à atividade, conforme previsão em lei. Para esse regime, não há que se falar em *escrituração contábil*, uma vez que o cálculo parte da receita bruta.

A apuração pelo Lucro Presumido deverá sempre ser realizada de forma trimestral, aplicando os percentuais constantes na Tabela 2.4.

O cálculo é realizado considerando a receita bruta do trimestre, deduzindo os impostos destacados em nota fiscal, como o Imposto sobre Produtos Industrializados (IPI) e o Imposto sobre Circulação de Mercadorias e Serviços – Substituição Tributária (ICMS-ST), assim como as devoluções, o cancelamento e os descontos incondicionais concedidos. Após essas deduções, aplica-se o percentual de presunção conforme a Tabela 2.5. Sobre essa base presumida, devem ser adicionadas as receitas não operacionais, como receitas financeiras e ganhos de capital. Dessa forma, tem-se a base de cálculo do IR e da contribuição social, considerande-se seus respectivos percentuais de presunção.

As alíquotas do IRPJ e da CSLL não mudam; assim, aplicam-se 15% e 9%, respectivamente. É preciso observar ainda o adicional de IR, que, nesse caso, é contabilizado sobre o valor da base de cálculo excedente a R$ 60 mil por trimestre, uma vez que a apuração é trimestral, terminando sempre em 31 de março (1º trimestre), 30 de junho (2º trimestre), 30 de setembro (3º trimestre) e 31 de dezembro (4º trimestre).

Vejamos agora alguns exemplos de apuração do IRPJ e da CSLL pelo Lucro Presumido.

Exemplo 2.1

1. Considere uma indústria com apuração pelo Lucro Presumido. Conforme a legislação prevê, a presunção para a apuração da base de cálculo de empresa industrial é de 8% para o IR e de 12% para a contribuição social. Além disso, antes de aplicar os percentuais, podemos abater do total da receita bruta os tributos calculados por fora, como o IPI e o ICMS-ST, além de vendas canceladas, devoluções e descontos incondicionais.

Tabela A– Apuração do IRPJ (em R$)

Competência	1º Trimestre	2º Trimestre	3º Trimestre	4º Trimestre
Receita Bruta	1.654.258,00	1.922.258,00	1.933.598,00	1.930.018,00
(–) IPI	(165.425,80)	(192.225,80)	(193.359,80)	(193.001,80)
(–) ICMS – ST	(314.309,02)	(365.229,02)	(367.383,62)	(366.703,42)
(–) Devoluções	–	(160.000,00)	–	–
(–) Descontos incondicionais	–	–	(60.000,00)	(50.000,00)
Receita líquida	1.174.523,18	1.204.803,18	1.312.854,58	1.320.312,78
Presunção IRPJ – 8%	93.961,85	96.384,25	105.028,37	105.625,02
Adicionais à presunção	39.500,00	28.000,00	12.000,00	38.200,00
Receita financeira	15.000,00	23.000,00	12.000,00	31.000,00
Outras receitas	1.500,00	5.000,00	–	7.200,00
Ganho de capital	23.000,00	–	–	–
Base de cálculo IRPJ	133.461,85	124.384,25	117.028,37	143.825,02
IRPJ – 15%	20.019,28	18.657,64	17.554,25	21.573,75
Adicional – 10%	7.346,19	6.438,43	5.702,84	8.382,50
IRRF	(2.250,00)	(3.450,00)	(1.800,00)	(4.650,00)
Total IRPJ a pagar	25.115,46	21.646,06	21.457,09	25.306,26

Tabela B – Apuração do CSLL (em R$)

Competência	1º Trimestre	2º Trimestre	3º Trimestre	4º Trimestre
Receita bruta	1.654.258,00	1.922.258,00	1.933.598,00	1.930.018,00
(–) IPI	(165.425,80)	(192.225,80)	(193.359,80)	(193.001,80)
(–) ICMS – ST	(314.309,02)	(365.229,02)	(367.383,62)	(366.703,42)
(–) Devoluções	–	(160.000,00)	–	–
(–) Descontos incondicionais	–	–	(60.000,00)	(50.000,00)
Receita líquida	1.174.523,18	1.204.803,18	1.312.854,58	1.320.312,78
Presunção CSLL – 12%	140.942,78	144.576,38	157.542,55	158.437,53
Adicionais à presunção	39.500,00	28.000,00	12.000,00	38.200,00
Receita financeira	15.000,00	23.000,00	12.000,00	31.000,00
Outras receitas	1.500,00	5.000,00	–	7.200,00
Ganho de capital	23.000,00	–	–	–
Base de cálculo CSLL	180.442,78	172.576,38	169.542,55	196.637,53
Total CSLL a pagar (9%)	16.239,85	15.531,87	15.258,83	17.697,38

É importante notar que partimos da receita bruta e das deduções para encontrar a base de presunção (que é a receita líquida). Sobre esse valor, aplicamos o percentual de presunção, conforme as Tabelas A e B, ou seja, 8% para o IR e 12% para a contribuição social.

Após termos essa primeira base, somamos as outras receitas tributáveis, que em nosso exemplo são receita financeira, outras receitas diversas e receita com venda de ativo não circulante (ganho de capital). Somando todas elas à base de presunção, encontramos a base de cálculo.

No IR, aplicamos 15% sobre a base de cálculo e o adicional é calculado a 10% sobre a base de cálculo, no valor que ultrapassar R$ 60 mil em cada trimestre. Nessa apuração, tivemos ainda uma dedução do Imposto de Renda Retido na Fonte (IRRF), retenção sofrida pelos rendimentos de aplicação financeira.

Na CSLL, calculamos 9% sobre a base de cálculo.

Vamos ver agora outro exemplo de apuração, considerando uma empresa com diversas atividades.

Exemplo 2.2

Imagine um posto de combustível, com atividade de comércio de combustível, comércio da loja de conveniência e serviços de lavagem, por exemplo.

Tabela C – Apuração do IRPJ (em R$)

Competência	1º Trimestre	2º Trimestre	3º Trimestre	4º Trimestre
Receita bruta combustível	560.142,58	828.142,58	941.542,58	1.097.342,58
Receita bruta conveniência	368.010,00	518.990,00	642.390,00	808.190,00
Receita bruta serviços	95.652,00	83.200,00	78.950,00	89.567,10
Presunção IRPJ – 1,6%	9.242,35	13.664,35	15.535,45	18.106,15
Presunção IRPJ – 8%	44.161,20	62.278,80	77.086,80	96.982,80
Presunção IRPJ – 8%	30.608,64	26.624,00	25.264,00	28.661,47
Base de cálculo IRPJ	69.291,79	81.807,55	92.190,65	111.422,82
IRPJ – 15%	10.393,77	12.271,13	13.828,60	16.713,42
Adicional –10%	929,18	2.180,76	3.219,07	5.142,28
Total IRPJ a pagar	11.322,95	14.451,89	17.047,66	21.855,71

Tabela D – Apuração da CSLL (em R$)

Competência	1º Trimestre	2º Trimestre	3º Trimestre	4º Trimestre
Receita bruta combustível	560.142,58	828.142,58	941.542,58	1.097.342,58
Receita bruta conveniência	368.010,00	518.990,00	642.390,00	808.190,00
Receita bruta serviços	95.652,00	83.200,00	78.950,00	89.567,10
Presunção CSLL – 12%	67.217,11	99.377,11	112.985,11	131.681,11
Presunção CSLL – 12%	44.161,20	62.278,80	77.086,80	96.982,80
Presunção CSLL – 32%	30.608,64	26.624,00	25.264,00	28.661,47
Base de cálculo CSLL	141.986,95	188.279,91	215.335,91	257.325,38
Total CSLL a pagar (9%)	12.778,83	16.945,19	19.380,23	23.159,28

Perceba que, nessa apuração, temos três atividades com percentuais de presunção diferentes para o IRPJ e dois percentuais para a CSLL. O ideal, nesse caso, é apurar primeiro a presunção conforme a receita de cada atividade e depois somar as bases para então calcular os tributos devidos.

2.2.1 Prestadores de serviços em geral: Lucro Presumido

Empresas com atividade exclusivamente de prestação de serviços, exceto aqueles de profissão regulamentada, que estão sujeitas ao percentual de presunção de 32%, poderão reduzir sua presunção (somente para o IRPJ), para 16%, desde que seu faturamento não ultrapasse o limite de R$ 120 mil anual.

Se a empresa tiver iniciado suas atividades com apuração do IRPJ pela alíquota reduzida, mas, em determinado trimestre, ultrapassar o limite descrito, ficará sujeita ao pagamento da diferença do chamado *imposto postergado*, apurado em relação a cada trimestre transcorrido.

Não haverá cobrança de multa e de juros para os pagamentos realizados até o último dia útil do mês subsequente àquele em que ocorrer o excesso.

Vamos imaginar um prestador de serviços de manutenção de máquinas, por exemplo, que não possua outra atividade em seu objeto social. Ele é tributado pelo Lucro Presumido e, assim, pode iniciar o ano com seu percentual de presunção na apuração do IR, que seria de 32%, reduzido para 16%, conforme a apuração apresentada na Tabela 2.4.

Tabela 2.4 – Apuração do IRPJ (em R$)

Competência	1º Trimestre	2º Trimestre	3º Trimestre	4º Trimestre
Receita bruta serviços	40.000,00	50.000,00	60.000,00	75.000,00
Presunção IRPJ – 16%	6.400,00	8.000,00	–	–
Presunção IRPJ – 8%	–	–	19.200,00	24.000,00
Base de cálculo IRPJ	6.400,00	8.000,00	19.200,00	24.000,00
IRPJ – 15%	960,00	1.200,00	2.880,00	3.600,00
Adicional –10%	–	–	–	–
Total IRPJ a pagar	960,00	1.200,00	2.880,00	3.600,00
Diferença base reduzida			14.400,00	
IRPJ diferença base reduzida			2.160,00	

Tabela 2.5 – Apuração da CSLL (em R$)

Competência	1º Trimestre	2º Trimestre	3º Trimestre	4º Trimestre
Receita bruta serviços	40.000,00	50.000,00	60.000,00	75.000,00
Presunção CSLL – 32%	12.800,00	16.000,00	19.200,00	24.000,00
Base de cálculo CSLL	12.800,00	16.000,00	19.200,00	24.000,00
Total CSLL a pagar (9%)	1.152,00	1.440,00	1.728,00	2.160,00

Note que nos dois primeiros trimestres, o percentual de presunção ficou em 16% para o IR. Isso se deu pois a receita acumulada dos seis meses totalizou R$ 90 mil, ou seja, abaixo do limite previsto na lei. Já somando o faturamento do terceiro trimestre, o acumulado do ano passa do limite previsto (que é de R$ 120 mil). Nesse caso, a soma dos três trimestres fica R$ 150 mil e, então, a partir do terceiro trimestre, o empresário deverá calcular a presunção com o percentual original, de 32%, e ainda contabilizar a diferença do primeiro e do segundo trimestres, além de recolher a diferença na mesma data de vencimento do trimestre em que tenha ultrapassado o limite de faturamento. Se houver trimestres seguintes, eles devem ser calculados com percentuais sem redução.

2.3 Simples Nacional: regra geral de tributação

O Simples Nacional é um regime de apuração diferenciado aplicado às microempresas e às empresas de pequeno porte, com intuito de simplificar a legislação tributária, instituído pela Lei Complementar n. 123, de 14 de dezembro de 2006 (Brasil, 2006b).

Segundo o art. 3º da referida lei, são consideradas microempresas (ME) aquelas que, em cada ano-calendário, tenham receita bruta igual ou inferior a R$ 360 mil. Já a empresa de pequeno porte (EPP) é aquela que aufira, em cada ano-calendário, receita bruta superior a R$ 360 mil até o limite de R$ 4,8 milhões.

Para empresas que tiverem menos de doze meses, o limite será proporcional ao número de meses de apuração.

Com base nessas informações, já é possível observar que esse regime de apuração é aplicado somente às ME e às EPP. Além do total de receita bruta, há ainda vedação para algumas atividades, conforme art. 17 da Lei Complementar n. 123/2006, que transcrevemos a seguir:

> Art. 17. Não poderão recolher os impostos e contribuições na forma do Simples Nacional a microempresa ou empresa de pequeno porte:
> I – que explore atividade de prestação cumulativa e contínua de serviços de assessoria creditícia, gestão de crédito, seleção e riscos, administração de contas a pagar e a receber, gerenciamento de ativos (asset management) ou compra de direitos creditórios resultantes de vendas mercantis a prazo ou de prestação de serviços (factoring) ou que execute operações de empréstimo, de financiamento e de desconto de títulos de crédito, exclusivamente com recursos próprios, tendo como contrapartes microempreendedores individuais, microempresas e empresas de pequeno porte, inclusive sob a forma de empresa simples de crédito; (Redação dada pela Lei Complementar nº 167, de 2019)
> II – que tenha sócio domiciliado no exterior;
> III – de cujo capital participe entidade da administração pública, direta ou indireta, federal, estadual ou municipal;
> IV – (REVOGADO)
> V – que possua débito com o Instituto Nacional do Seguro Social – INSS, ou com as Fazendas Públicas Federal, Estadual ou Municipal, cuja exigibilidade não esteja suspensa;
> VI – que preste serviço de transporte intermunicipal e interestadual de passageiros, exceto quando na modalidade fluvial ou quando possuir características de transporte urbano ou metropolitano ou realizar-se sob fretamento contínuo em área metropolitana para o transporte de estudantes ou trabalhadores;
> VII – que seja geradora, transmissora, distribuidora ou comercializadora de energia elétrica;
> VIII – que exerça atividade de importação ou fabricação de automóveis e motocicletas;

IX – que exerça atividade de importação de combustíveis;
X – que exerça atividade de produção ou venda no atacado de:
a) cigarros, cigarrilhas, charutos, filtros para cigarros, armas de fogo, munições e pólvoras, explosivos e detonantes;
b) bebidas não alcoólicas a seguir descritas:
2 – refrigerantes, inclusive águas saborizadas gaseificadas;
3 – preparações compostas, não alcoólicas (extratos concentrados ou sabores concentrados), para elaboração de bebida refrigerante, com capacidade de diluição de até 10 (dez) partes da bebida para cada parte do concentrado;
4 – cervejas sem álcool;
c) bebidas alcoólicas, exceto aquelas produzidas ou vendidas no atacado por:
1. micro e pequenas cervejarias;
2. micro e pequenas vinícolas;
3. produtores de licores;
4. micro e pequenas destilarias;
XI – (Revogado);
XII – que realize cessão ou locação de mão-de-obra;
XIV – que se dedique ao loteamento e à incorporação de imóveis.
XV – que realize atividade de locação de imóveis próprios, exceto quando se referir a prestação de serviços tributados pelo ISS.
XVI – com ausência de inscrição ou com irregularidade em cadastro fiscal federal, municipal ou estadual, quando exigível. (Brasil, 2006b)

Em 2018, por meio da Lei Complementar n. 155, de 27 de outubro de 2016 (Brasil, 2016a), algumas regras do Simples Nacional sofreram importantes alterações, dentre elas está a forma de apuração dos tributos. Esse ponto deve ser levado em conta no momento de escolher a opção tributária, uma vez que nem sempre o Simples Nacional é o melhor regime. Assim, a empresa deve observar, além dos critérios de apuração, a despesa com folha de salários, que é um importante balizador para a escolha, já que os encargos cobrados sobre a folha, nos regimes do Lucro Real e do Lucro Presumido, são bastante elevados.

Para fins de apuração, inicialmente deve ser observada a atividade da empresa, pois, para cada tipo, o Simples Nacional determina um anexo de tributação; por exemplo, para comércio, o "Anexo I"; para indústria, o "Anexo II"; e, para serviços, os "Anexos III, IV e V", de acordo com o tipo de trabalho oferecido pela pessoa jurídica.

O valor devido mensalmente pela ME ou pela EPP optante pelo Simples Nacional será determinado mediante aplicação das alíquotas efetivas, calculadas com base nas alíquotas nominais constantes das tabelas dos anexos I a V da lei citada (Brasil, 2016a).

Para determinar a alíquota efetiva, a empresa deverá aplicar a seguinte fórmula:

$$\frac{\text{Receita bruta dos últimos 12 meses} \times \text{Alíquota nominal} - \text{Parcela a deduzir}}{\text{Receita bruta dos últimos 12 meses}}$$

Exemplo 2.3

Considere que a receita bruta acumulada dos últimos 12 meses de uma empresa comercial foi R$ 450 mil e que a receita do período de apuração é de R$ 42,5 mil.

Inicialmente, verificamos a Tabela E aplicável à atividade de comércio, ou seja, o anexo I da Lei Complementar n. 155/2016, conforme apresentada a seguir.

Tabela E – Alíquotas do Simples Nacional: comércio – Anexo 1 do Simples

Receita Bruta em 12 Meses (em R$)		Alíquota	Valor a Deduzir (em R$)
1ª Faixa	Até 180.000,00	4,00%	-
2ª Faixa	De 180.000,01 a 360.000,00	7,30%	5.940,00
3ª Faixa	De 360.000,01 a 720.000,00	9,50%	13.860,00
4ª Faixa	De 720.000,01 a 1.800.000,00	10,70%	22.500,00
5ª Faixa	De 1.800.000,01 a 3.600.000,00	14,30%	87.300,00
6ª Faixa	De 3.600.000,01 a 4.800.000,00	19,00%	378.000,00

Fonte: Brasil, 2006b.

Considerando a fórmula analisada, teremos:

$$\frac{450.000,00 \times 9,5\% - 13.860,00}{450.000,00} = 0,0642 = 6,42\%$$

Nesse caso, a alíquota nominal é de 9,5%, e a alíquota efetiva é de 6,42%. Assim, o valor do Documento Arrecadador do Simples (DAS) a ser recolhido em nosso exemplo é de R$ 2.728,50 (R$ 42.500,00 × 6,42%).

Vamos ver um exemplo considerando a atividade de escritório contábil. Segundo o art. 18 da Lei Complementar n. 123/2006, no parágrafo 5º B, inciso XIV, tal atividade é tributada na forma do Anexo III da lei (Brasil, 2006c), no entanto, se o valor da folha de salários for inferior a 28% da receita bruta, a empresa deverá pagar seus tributos na forma do Anexo V do Simples.

Exemplo 2.4

Considere que um escritório contábil tem faturamento acumulado dos últimos 12 meses no valor total de R$ 384 mil. O faturamento do mês de apuração é de R$ 29 mil. Em geral, consideraríamos a tributação direta pelo Anexo III, mas pode ser pelo Anexo V, a depender do valor da folha de pagamentos.

Levando em conta que a despesa de folha é de R$ 9 mil, ou seja, o custo com os salários corresponde a 31% do faturamento, podemos aplicar o Anexo III do Simples Nacional. Dessa forma, o cálculo será conforme a Tabela F.

Tabela F – Alíquotas do Simples Nacional: comércio – Anexo III do Simples

Receita Bruta em 12 Meses (em R$)		Alíquota	Valor a Deduzir (em R$)
1ª Faixa	Até 180.000,00	6,00%	-
2ª Faixa	De 180.000,01 a 360.000,00	11,20%	9.360,00
3ª Faixa	De 360.000,01 a 720.000,00	13,50%	17.640,00
4ª Faixa	De 720.000,01 a 1.800.000,00	16,00%	35.640,00
5ª Faixa	De 1.800.000,01 a 3.600.000,00	21,00%	125.640,00
6ª Faixa	De 3.600.000,01 a 4.800.000,00	33,00%	648.000,00

Fonte: Brasil, 2006b.

$$\frac{384.000,00 \times 13,50\% - 17.640,00}{384.000,00} = 0,08906 = 8,906\%$$

Com base nesse cálculo, encontramos a taxa efetiva a ser aplicada sobre a receita de R$ 29 mil. Desse modo, o valor do DAS do mês é de R$ 2.582,74 (R$ 29.000,00 × 8,906%).

Exemplo 2.5

Agora, considere que a despesa de folha seja de R$ 3,5 mil ou seja, a despesa com a folha de salários corresponde a 12% do faturamento. Assim, aplicamos o Anexo V. Dessa forma, o cálculo será conforme a Tabela G.

Tabela G – Alíquotas do Simples Nacional: comércio – Anexo V do Simples (em R$)

Receita Bruta em 12 Meses (em R$)		Alíquota	Valor a Deduzir (em R$)
1ª Faixa	Até 180.000,00	15,50%	–
2ª Faixa	De 180.000,01 a 360.000,00	18,00%	4.500,00
3ª Faixa	De 360.000,01 a 720.000,00	19,50%	9.900,00
4ª Faixa	De 720.000,01 a 1.800.000,00	20,50%	17.100,00
5ª Faixa	De 1.800.000,01 a 3.600.000,00	23,00%	62.100,00
6ª Faixa	De 3.600.000,01 a 4.800.000,00	30,50%	540.000,00

Fonte: Brasil, 2006b.

$$\frac{384.000,00 \times 19,50\%}{384.000,00} = 0,1692 = 16,92\%$$

Com base nesse cálculo, encontramos a taxa efetiva a ser aplicada sobre a receita de R$ 29 mil. Desse modo, o valor DAS do mês é de R$ 4.906,80 (R$ 29.000,00 × 16,92%).

Esses cálculos estão considerando a alíquota do Imposto Sobre Serviços (ISS) conforme prevista nas tabelas descritas na Lei Complementar n. 123/2006 (Brasil, 2006b), e não as possibilidades de ISS fixo, de acordo com cada município.

É importante observar, nesse caso, não o aumento do valor da folha de salários – pois isso depende do tamanho do estabelecimento –, mas o regime de tributação, para avaliar se ele é realmente mais vantajoso do que o Lucro Presumido, por exemplo.

2.4 PIS e Cofins

O Programa de Integração Social (PIS) e a Contribuição para o Financiamento da Seguridade Social (Cofins) são tributos destinados à seguridade social e, de modo geral, são aplicados sobre o faturamento da pessoa jurídica. O PIS foi criado pela

Lei Complementar n. 7, de 7 de setembro de 1970 (Brasil, 1970) e a Cofins, pela Lei Complementar n. 70, 30 de dezembro de 1991 (Brasil, 1991a).

Ambas as contribuições têm atualmente, duas modalidades de apuração. A primeira é a modalidade cumulativa, prevista na Lei n. 9.718, de 27 de novembro de 1998, aplicável às pessoas jurídicas que tributam o IRPJ pelo regime do Lucro Presumido (Brasil, 1988).

Já para as empresas do Lucro Real, em regra geral, aplica-se a modalidade não cumulativa, prevista na Lei n. 10.637, de 30 de dezembro de 2002 (Brasil, 2002c) e na Lei n. 10.833, de 29 de dezembro de 2003 (Brasil, 2003a), para PIS e Cofins, respectivamente.

Para fins de incidência das referidas contribuições, tem-se como base de cálculo a receita bruta, definida, então, pelo art. 12 do Decreto-Lei n. 1.598, de 26 de dezembro de 1977 (Brasil, 1977), alterado pela Lei n. 12.973/2014, conforme segue:

> Art. 12. A receita bruta compreende:
> I – o produto da venda de bens nas operações de conta própria;
> II – o preço da prestação de serviços em geral;
> III – o resultado auferido nas operações de conta alheia; e
> IV – as receitas da atividade ou objeto principal da pessoa jurídica não compreendidas nos incisos I a III. (Brasil, 2014b)

No que se refere à determinação da base de cálculo, as leis citadas a definem para cada modalidade. No entanto, é importante ressaltar que muitas empresas, as quais têm recebido pareceres favoráveis, têm discutido a exclusão do Imposto sobre Circulação de Mercadorias e Serviços (ICMS) da base de cálculo das contribuições para PIS e Cofins e, por consequência, para a Contribuição Previdenciária sobre a Receita Bruta (CPRB) também. Inicialmente, temos um acórdão que considera inconstitucional a incidência do ICMS na base das contribuições. No entanto, esse entendimento é aplicado, a princípio, somente para as empresas que discutem o assunto judicialmente.

Vejamos agora uma parte do Recurso Extraordinário n. 574.706, de 13 de dezembro de 2007:

> EMENTA: RECURSO EXTRAORDINÁRIO COM REPERCUSSÃO GERAL. EXCLUSÃO DO ICMS NA BASE DE CÁLCULO DO PIS E COFINS. DEFINIÇÃO DE FATURAMENTO. APURAÇÃO ESCRITURAL DO ICMS E REGIME DE NÃO CUMULATIVIDADE. RECURSO PROVIDO. 1. Inviável a apuração do ICMS tomando-se cada mercadoria ou serviço e a correspondente cadeia, adota-se o sistema de apuração contábil. O montante de ICMS a recolher é apurado mês a mês, considerando-se o total de créditos decorrentes de aquisições e o total de débitos gerados nas saídas de mercadorias ou serviços: análise contábil ou escritural do ICMS. 2. A análise jurídica do princípio da não cumulatividade aplicado ao ICMS há de atentar ao disposto no art. 155, § 2º, inc. I, da Constituição da República, cumprindo-se o princípio da não cumulatividade a cada operação. 3. O regime da não cumulatividade impõe concluir, conquanto se tenha a escrituração da parcela ainda a se compensar do ICMS, não se incluir todo ele na definição de faturamento aproveitado por este Supremo Tribunal Federal. O ICMS não compõe a base de cálculo para incidência do PIS e da COFINS. 3. Se o art. 3º, § 2º, inc. I, in fine, da Lei n. 9.718/1998 excluiu da base de cálculo daquelas contribuições sociais o ICMS transferido integralmente para os Estados, deve ser enfatizado que não há como se excluir a transferência parcial decorrente do regime de não cumulatividade em determinado momento da dinâmica das operações. 4. Recurso provido para excluir o ICMS da base de cálculo da contribuição ao PIS e da COFINS. (Brasil, 2017d)

Ao analisarmos a operação, podemos dizer que o ICMS é um imposto, ou seja, não se trata de faturamento, assim, não deve compor a base de cálculo das contribuições. Esse entendimento ainda está em discussão e carece de recursos, por isso ainda não há uma regra definida para todos os contribuintes acerca do tema.

Para saber mais

STF. **Pleno**: inclusão do ICMS na base de cálculo do PIS/Cofins é inconstitucional (1/2). Disponível em: <https://www.youtube.com/watch?v=oIt2uGDES8M>. Acesso em: 15 abr. 2020.

Uma sugestão para entender melhor o caso do ICMS na base de PIS e Cofins é o vídeo do STF em que o tema é discutido e votado pelos ministros, em março de 2017.

2.4.1 Regime cumulativo

O regime cumulativo de PIS e Cofins está previsto na Lei n. 9.718/1998 (Brasil, 1998) e é aplicado às pessoas jurídicas tributadas pelo Lucro Presumido, em geral. Isso porque algumas atividades estão sujeitas à incidência das referidas contribuições pela cumulatividade, mesmo que sejam tributadas pelo Lucro Real, como é o caso das empresas de construção civil e de serviços de informática, entre outras.

As atividades sujeitas à apuração de PIS e Cofins pela cumulatividade estão previstas no art. 10 da Lei n. 10.833/2003 (Brasil, 2003a):

- Bancos comerciais, bancos de investimentos e bancos de desenvolvimento; caixas econômicas; sociedades de crédito, de financiamento e de investimento; sociedades de crédito imobiliário; sociedades corretoras de títulos, de valores mobiliários e de câmbio; distribuidoras de títulos e de valores mobiliários; empresas de arrendamento mercantil; e cooperativas de crédito.
- Securitização de créditos imobiliários, financeiros e agrícolas.
- Serviços de plano de assistência à saúde.
- Pessoas jurídicas imunes a impostos.
- Órgãos públicos, autarquias e fundações públicas federais, estaduais e municipais, e as fundações cuja criação tenha sido autorizada por lei, referidas no art. 61

do "Ato das disposições constitucionais transitórias" da Constituição Federal (Brasil, 1988).
- Sociedades cooperativas, exceto as de produção agropecuária.
- Receitas sujeitas à substituição tributária da Cofins.
- Compra e venda de veículos usados.
- Serviços de telecomunicações.
- Serviços das empresas jornalísticas e de radiodifusão sonora e de sons e imagens.
- Venda de jornais e periódicos e de prestação de serviços das empresas jornalísticas e de radiodifusão sonora e de sons e imagens.
- Receitas de construção por empreitada ou de fornecimento, a preço predeterminado, de bens ou de serviços contratados com pessoa jurídica de direito público, empresa pública, sociedade de economia mista ou suas subsidiárias.
- Serviços de transporte coletivo rodoviário, metroviário, ferroviário e aquaviário de passageiros.
- Hospital, pronto-socorro, casa de saúde e de recuperação sob orientação médica e por banco de sangue.
- Hospital, pronto-socorro e clínica médica, odontológica, de fisioterapia e de fonoaudiologia; laboratório de anatomia patológica, citológica ou de análises clínicas, de diálise, de raios X, de radiodiagnóstico e de radioterapia, quimioterapia e de banco de sangue.
- Serviços de educação infantil, ensinos fundamental e médio e educação superior.

- Vendas de mercadorias realizadas pelas pessoas jurídicas localizadas em zona primária de porto ou de aeroporto.

- Serviço de transporte coletivo de passageiros, efetuado por empresas regulares de linhas aéreas domésticas, e as decorrentes da prestação de serviço de transporte de pessoas por empresas de táxi aéreo.

- Edição de periódicos e de informações neles contidas que sejam relativas aos assinantes dos serviços públicos de telefonia.

- Serviços com aeronaves de uso agrícola inscritas no Registro Aeronáutico Brasileiro.

- Empresas de *call center, telemarketing,* telecobrança e de teleatendimento em geral.

- Execução por administração, empreitada ou subempreitada de obras de construção civil.

- Parques temáticos e as atividades decorrentes de serviços de hotelaria e de organização de feiras e eventos.

- Serviços postais e telegráficos prestados pela Empresa Brasileira de Correios e Telégrafos.

- Prestação de serviços públicos de concessionárias operadoras de rodovias.

- Serviços das agências de viagem e de viagens e turismo.

- Serviços de informática decorrentes das atividades de desenvolvimento de *software* e o seu licenciamento ou cessão de direito de uso, bem como de análise, programação, instalação, configuração, assessoria, consultoria, suporte técnico e manutenção ou atualização de *software,* compreendidas ainda como *softwares* as páginas eletrônicas.

- Atividades de revenda de imóveis, desmembramento ou loteamento de terrenos, incorporação imobiliária e construção de prédio destinado à venda, quando decorrentes de contratos de longo prazo firmados antes de 31 de outubro de 2003.
- Comercialização de pedra britada, de areia para construção civil e de areia de brita.
- Receitas decorrentes da alienação de participações societárias.

Nessa modalidade de apuração das contribuições, as alíquotas são de 0,65% para apuração do PIS e de 3% para apuração da Cofins.

As contribuições são aferidas mensalmente e a base de cálculo na cumulatividade é a receita obtida no mês, deduzidas as vendas canceladas, os descontos incondicionais, o IPI e o ICMS-ST. Para determinar a base de cálculo, deve-se considerar somente a receita operacional da empresa, isto é, aquela decorrente da atividade operacional, sem outras receitas que não façam parte do objeto social.

Vamos entender, na prática, como fica a apuração do PIS e da Cofins em uma empresa de Lucro Presumido. Considere a mesma indústria para a qual fizemos a apuração do IR e da contribuição social. Agora, faremos a apuração do PIS e da Cofins, segregando as receitas por mês, já que essas contribuições têm fato gerador mensal.

Tabela 2.6 – Apuração de PIS e de Cofins cumulativos (em R$)

Competência	Janeiro	Fevereiro	Março	Abril	Maio	Junho	Julho	Agosto	Setembro	Outubro	Novembro	Dezembro
Receita bruta	275.709,67	551.419,33	827.129,00	1.930.018,00	640.752,67	480.564,50	322.266,33	966.799,00	644.532,67	804.174,17	482.504,50	643.339,33
(–) IPI	(27.570,97)	(55.141,93)	(82.712,90)	(193.001,80)	(64.075,27)	(48.056,45)	(32.226,63)	(96.679,90)	(64.453,27)	(80.417,42)	(48.250,45)	(64.333,93)
(–) ICMS – ST	(52.384,84)	(104.769,67)	(157.154,51)	(366.703,42)	(121.743,01)	(91.307,26)	(61.203,60)	(183.691,81)	(121.743,01)	(152.793,09)	(91.675,86)	(122.234,47)
(–) Devoluções	–	–	–	–	(80.000,00)	(80.000,00)	–	–	–	–	–	–
(–) Descontos incondicionais	–	–	–	–	–	–	–	(60.000,00)	–	–	(25.000,00)	(25.000,00)
Base de cálculo	195.753,86	391.507,73	587.261,59	568.667,99	374.934,39	261.200,80	228.809,10	626.427,29	457.618,19	570.963,66	317.578,20	431.770,93
PIS – 0,65%	1.272,40	2.544,80	3.817,20	3.696,34	2.437,07	1.697,81	1.487,26	4.071,78	2.974,52	3.711,26	2.064,26	2.806,51
Cofins – 3%	5.872,62	11.745,23	17.617,85	17.060,04	11.248,03	7.836,02	6.864,27	18.792,82	13.728,55	17.128,91	9.527,35	12.953,13

Observe que nossa apuração se baseou na receita mensal, com as deduções previstas na legislação, para então termos a base de cálculo. Dessa forma, aplicamos os percentuais de 0,65% para apurar o valor do PIS e de 3% para apurar o valor da Cofins. Nessa operação, as outras receitas (não operacionais) não são adicionadas à apuração

2.4.2 Regime não cumulativo

O regime não cumulativo para o PIS e para a Cofins está previsto na Lei n. 10.637/2002 (Brasil, 2002c) e na Lei n. 10.833/2003 (Brasil, 2003a) e é aplicável às pessoas jurídicas que tributam o IR pelo Lucro Real.

As alíquotas básicas para a não cumulatividade das contribuições é de 1,65% para o PIS e de 7,6% para a Cofins. Além disso, uma característica desse modelo tributário é a possibilidade de aproveitamento de créditos sobre entradas e despesas. Para as contribuições citadas, os créditos possíveis estão previstos no art. 3º da Lei n. 10.833/2003 e são aproveitados nas mesmas alíquotas mencionadas anteriormente (Brasil, 2003a).

Os custos e as despesas passíveis de apropriação, previstos na referida lei, são (Brasil, 2003a):

- Bens adquiridos para revenda.

- Bens e serviços utilizados como insumos na prestação de serviços e na produção ou na fabricação de bens ou de produtos destinados à venda, inclusive combustíveis e lubrificantes.

- Energia elétrica e energia térmica, inclusive sob a forma de vapor, consumidas nos estabelecimentos da pessoa jurídica.

- Aluguéis de prédios, de máquinas e de equipamentos, pagos a pessoa jurídica, utilizados nas atividades da empresa.

- Valor das contraprestações de operações de arrendamento mercantil de pessoa jurídica, exceto de optante pelo Simples Nacional.
- Máquinas, equipamentos e outros bens incorporados ao ativo imobilizado, adquiridos ou fabricados para locação a terceiros ou para utilização na produção de bens destinados à venda ou na prestação de serviços.
- Edificações e benfeitorias em imóveis próprios ou de terceiros utilizados nas atividades da empresa.
- Bens recebidos em devolução cuja receita de venda tenha integrado faturamento do mês atual ou de mês anterior e sido tributada.
- Armazenagem de mercadoria e de frete na operação de venda, nos casos dos incisos I e II, quando o ônus for suportado pelo vendedor.
- Vale-transporte, vale-refeição ou vale-alimentação e fardamento ou uniforme fornecidos aos empregados por pessoa jurídica que explore as atividades de prestação de serviços de limpeza, de conservação e de manutenção.
- Bens incorporados ao ativo intangível, adquiridos para utilização na produção de bens destinados à venda ou na prestação de serviços.

Caso ocorra alteração de regime de tributação do Lucro Presumido para o Lucro Real, o contribuinte poderá fazer levantamento do saldo de estoque (estoque de abertura) e, sobre o valor obtido, poderá aproveitar créditos de PIS e de Cofins à alíquota de 0,65% e 3%, respectivamente, observando que tais valores são passíveis sobre os produtos tributados.

Os créditos para PIS e para Cofins são discutidos há tempos, principalmente no que diz respeito a insumos. Atualmente, o entendimento está baseado no art. 171 da Instrução Normativa n. 1911, de 11 de outubro de 2019 (Brasil, 2019c), conforme segue:

Art. 171. Compõem a base de cálculo dos créditos a descontar da Contribuição para o PIS/Pasep e da Cofins, no regime de apuração não cumulativa, os valores das aquisições, efetuadas no mês, de (Lei nº 10.637, de 2002, art. 3º, caput, inciso II, com redação dada pela Lei nº 10.865, de 2004, art. 37; e Lei nº 10.833, de 2003, art. 3º, caput, inciso II, com redação dada pela Lei nº 10.865, de 2004, art. 21):

I – bens e serviços, utilizados como insumo na produção ou fabricação de bens ou produtos destinados à venda; e

II – bens e serviços, utilizados como insumo na prestação de serviços.

[...]

Art. 172. Para efeitos do disposto nesta Subseção, consideram-se insumos os bens ou serviços considerados essenciais ou relevantes, que integram o processo de produção ou fabricação de bens destinados à venda ou de prestação de serviços (Lei nº 10.637, de 2002, art. 3º, caput, inciso II, com redação dada pela Lei nº 10.865, de 2004, art. 37; e Lei nº 10.833, de 2003, art. 3º, caput, inciso II, com redação dada pela Lei nº 10.865, de 2004, art. 21).

§ 1º Consideram-se insumos, inclusive:

I – bens ou serviços que, mesmo utilizados após a finalização do processo de produção, de fabricação ou de prestação de serviços, tenham sua utilização decorrente de imposição legal;

II – bens ou serviços considerados essenciais ou relevantes, que integram o processo de produção ou fabricação de bens ou de prestação de serviços e que sejam considerados insumos na produção ou fabricação de bens destinados à venda ou na prestação de serviços;

III – combustíveis e lubrificantes consumidos em máquinas, equipamentos ou veículos responsáveis por qualquer etapa do processo de produção ou fabricação de bens ou de prestação de serviços;

IV – bens ou serviços aplicados no desenvolvimento interno de ativos imobilizados sujeitos à exaustão e utilizados no processo de produção, de fabricação ou de prestação de serviços;

V – bens e serviços aplicados na fase de desenvolvimento de ativo intangível que resulte em:

a) insumo utilizado no processo de produção ou fabricação de bens destinados à venda ou de prestação de serviços; ou

b) bem destinado à venda ou em serviço prestado a terceiros;

VI – embalagens de apresentação utilizadas nos bens destinados à venda;

VII – serviços de manutenção necessários ao funcionamento de máquinas e equipamentos utilizados no processo de produção ou fabricação de bens destinados à venda ou de prestação de serviços;

VIII – bens de reposição necessários ao funcionamento de máquinas e equipamentos utilizados no processo de produção ou fabricação de bens destinados à venda ou de prestação de serviços;

IX – serviços de transporte de produtos em elaboração realizados em ou entre estabelecimentos da pessoa jurídica; e

X –bens ou serviços especificamente exigidos pela legislação para viabilizar a atividade de produção de bens ou de prestação de serviços por parte da mão de obra empregada nessas atividades, como no caso dos equipamentos de proteção individual (EPI).

§ 2º Não são considerados insumos, entre outros:

I – bens incluídos no ativo imobilizado;

II – embalagens utilizadas no transporte do produto acabado;

III – bens e serviços utilizados na pesquisa e prospecção de minas, jazidas e poços de recursos minerais e energéticos;

IV – bens e serviços aplicados na fase de desenvolvimento de ativo intangível que não chegue a ser concluído ou que seja concluído e explorado em áreas diversas da produção ou fabricação de bens e da prestação de serviços;

V – serviços de transporte de produtos acabados realizados em ou entre estabelecimentos da pessoa jurídica;

VI – despesas destinadas a viabilizar a atividade da mão-de-obra empregada no processo de produção ou fabricação de bens ou de prestação de serviços, tais como alimentação, vestimenta, transporte, cursos, plano de seguro e seguro de vida, ressalvado o disposto no inciso VI do art. 181;

VII – bens e serviços utilizados, aplicados ou consumidos em operações comerciais; e

VIII – bens e serviços utilizados, aplicados ou consumidos nas atividades administrativas, contábeis e jurídicas da pessoa jurídica.

Por muito tempo, o insumo para fins de crédito era considerado o que fosse aplicado e consumido na produção do bem ou na prestação do serviço, o que tornou esse direito bastante restrito para qualquer atividade, principalmente para empesas comerciais que não podem aproveitar créditos de insumo.

Com a nova normativa, utilizam-se os conceitos de insumo para aquilo que é essencial e relevante, mesmo que tenha sido utilizado após a finalização dos processos de produção e de fabricação ou da prestação de serviço.

A decisão da apropriação de créditos deve ser bastante analisada e não pode ser considerada simplesmente como o que é necessário para a atividade empresarial, uma vez que a Receita Federal não entende dessa forma.

Desse modo, para que seja aproveitado o crédito de maneira mais efetiva, menos onerosa e com maior segurança jurídica, é necessário que a atividade operacional da empresa seja bastante explorada, assim como todos os itens que são utilizados no processo de produção ou na prestação de serviços. Inclusive o Conselho Administrativo de Recursos Fiscais (Carf) não tem uma posição única quanto ao tema, analisando sempre caso a caso.

Para determinar a base de cálculo do PIS e da Cofins no regime não cumulativo, o art. 1º da Lei n. 10.833/2003 determina que a base será o faturamento mensal, independentemente da classificação contábil (Brasil, 2003a). Ou seja, as receitas operacionais, assim como as demais receitas, estão sujeitas à tributação das contribuições, com exceção dos ganhos de capital, de reversão de provisões e de recuperação de créditos, receitas isentas ou não tributadas.

Tabela 2.7 – Apuração de PIS e Cofins não cumulativo (em R$)

Débitos

Competência	Janeiro	Fevereiro	Março	Abril	Maio	Junho	Julho	Agosto	Setembro	Outubro	Novembro	Dezembro
Receita bruta	275.709,67	551.419,33	827.129,00	1.930.018,00	640.752,67	480.564,50	322.266,33	966.799,00	644.532,67	804.174,17	482.504,50	643.339,33
(–) IPI	(27.570,97)	(55.141,93)	(82.712,90)	(193.001,80)	(64.075,27)	(48.056,45)	(32.226,63)	(96.679,90)	(64.453,27)	(80.417,42)	(48.250,45)	(64.333,93)
(–) ICMS – ST	(52.384,84)	(104.769,67)	(157.154,51)	(366.703,42)	(121.743,01)	(91.307,26)	(61.203,60)	(183.691,81)	(121.743,01)	(152.793,09)	(91.675,86)	(122.234,47)
(–) Descontos incondicionais	–	–	–	–	–	–	–	(60.000,00)	–	–	(25.000,00)	(25.000,00)
Outras receitas	15.000,00	16.000,00	22.000,00	10.000,00	12.000,00	9.000,00	10.500,00	13.400,00	12.000,00	11.540,00	9.780,00	16.000,00
Base de cálculo	210.753,86	407.507,73	609.261,59	578.667,99	466.934,39	350.200,80	239.309,10	639.927,29	469.618,19	582.503,66	327.358,20	447.770,93
PIS – 0,65%	3.477,44	6.723,88	10.052,82	9.548,02	7.704,42	5.778,31	3.948,60	10.557,15	7.748,70	9.611,31	5.401,41	7.388,22
COFINS – 3%	16.017,29	30.970,59	46.303,88	43.978,77	35.487,01	26.615,26	18.817,49	48.626,87	35.690,98	44.270,28	24.879,22	34.030,59

Créditos

	Janeiro	Fevereiro	Março	Abril	Maio	Junho	Julho	Agosto	Setembro	Outubro	Novembro	Dezembro
Devoluções	–	–	–	–	80.000,00	80.000,00	–	–	–	–	–	–
Energia elétrica	30.200,00	38.500,00	42.590,00	42.600,00	36.700,00	32.580,00	30.100,00	45.900,00	44.120,00	46.580,00	42.800,00	45.900,00
Aluguel de máquina	15.000,00	15.000,00	15.000,00	15.000,00	15.000,00	17.000,00	17.000,00	17.000,00	17.000,00	17.000,00	17.000,00	17.000,00
Depreciação	96.000,00	96.000,00	96.000,00	96.000,00	96.000,00	96.000,00	96.000,00	96.000,00	96.000,00	96.000,00	96.000,00	96.000,00
Base de cálculo	141.200,00	149.500,00	153.590,00	153.600,00	227.700,00	225.580,00	143.100,00	158.900,00	157.120,00	159.580,00	155.800,00	158.900,00
PIS – 1,65%	2.329,80	2.466,75	2.534,24	2.534,24	3.757,05	3.722,07	2.361,15	2.621,85	2.592,48	2.633,07	2.570,70	2.621,85
Cofins – 7,6%	10.731,20	11.362,00	11.672,84	11.673,60	17.305,20	17.144,08	10.875,60	12.076,40	11.941,12	12.128,08	11.840,80	12.076,40

Contribuição a recolher

	Janeiro	Fevereiro	Março	Abril	Maio	Junho	Julho	Agosto	Setembro	Outubro	Novembro	Dezembro
PIS a Recolher	1.147,64	4.257,13	7.518,58	7.013,62	3.947,37	2.056,24	1.587,45	7.935,30	5.156,22	6.978,24	2.830,71	4.766,37
COFINS a recolher	5.286,09	19.608,59	34.631,04	32.305,17	18.181,81	9.471,18	7.311,89	36.550,47	23.749,86	32.142,20	13.038,42	21.954,19

Na apuração das contribuições pelo regime não cumulativo, a base de cálculo inicial é formada pela receita operacional somada a outras receitas contabilizadas pela empresa, com exceção de ganho de capital, por exemplo. Sobre a base total, são aplicados os percentuais de 1,65% para PIS e 7,6% para Cofins, em geral. Abaixo desses débitos, apuram-se as bases de crédito passíveis de aproveitamento, conforme legislação. Em nosso exemplo, aproveitamos créditos sobre devoluções, energia elétrica, aluguel de máquinas de depreciação. As alíquotas aplicáveis sobre as entradas são as mesmas já citadas, dessa forma, são encontrados os valores a serem compensados de PIS e de Cofins.

Depois, confrontamos os montantes devido e a ser compensado, chegando, assim, ao PIS e à Cofins a serem pagos.

2.4.3 Regime cumulativo e não cumulativo

No caso de empresas tributadas pelo Lucro Real que pratiquem atividades que se enquadrem na modalidade não cumulativa e cumulativa, como serviço de hotelaria, que deve ser cumulativa, e comércio de refeições no mesmo local, que será não cumulativo devido ao regime de Lucro Real, devem apropriar-se de créditos de PIS e Cofins exclusivamente em relação aos custos, às despesas e aos encargos vinculados à receita inerente à não cumulatividade.

Essa forma de apropriação de créditos pode ser feita de duas formas, à opção do contribuinte 1.

1. Apropriação direta – Utilizada quando a empresa tem uma contabilidade de custos ajustada e entrosada com a escrituração. Esse formato possibilita a segregação das despesas em cada atividade desenvolvida pela empresa, auxiliando a apropriação dos créditos de forma direta e específica 2.

2. Rateio proporcional – É a forma mais comum, adotada nos custos, nas despesas e nos encargos comuns ao vínculo percentual existente entre a receita bruta da

atividade não cumulativa e a receita bruta total em cada mês, identificando, assim, a proporção passível de aproveitamento de crédito de PIS e de Cofins.

A opção é feita no início do ano e deve ser aplicado o mesmo método para todo o período.

Exemplo 2.6

Considere uma empresa de transporte rodoviário de passageiros que também tem receita de transporte de cargas. A companhia é tributada pelo Lucro Real, no entanto, de acordo com o artigo 10 da Lei n. 10.833/2003, a incidência das contribuições de PIS e de Cofins para a receita de transporte de passageiros é pelo regime cumulativo (Brasil, 2003a). Se o regime é de Lucro Real, a receita de transporte de passageiros ocorre pelo regime não cumulativo.

Dessa forma, a apropriação de créditos deve ser proporcional à receita não cumulativa, que tem direito ao crédito. Considerando que a empresa aproprie esses créditos pelo rateio proporcional, teremos:

Tabela H – Receitas de incidência cumulativa e não cumulativa

Receita de transporte de passageiros	R$ 350.000,00
Receita de transporte de cargas	R$ 120.000,00
Despesa com energia elétrica	R$ 35.000,00
Despesa com combustível	R$ 80.000,00

Total da receita do período: R$ 470.000,00

Percentual de cada receita:

a) Receita de transporte de passageiros: 74%;

b) Receita de transporte de cargas: 26%.

Dessa forma, a apropriação de créditos será de 26% do total de despesas passíveis do crédito, com base no percentual correspondente à receita não cumulativa do período, de acordo com a Tabela I.

Tabela I – Créditos de PIS e de Cofins não cumulativos: atividades concomitantes

Total de despesas passíveis de crédito	R$ 115.000,00 (R$ 35.000,00 + R$ 80.000,00)
Base para crédito – 26%	R$ 29.900,00
Crédito de PIS – 1,65%	R$ 493,35
Crédito de Cofins – 7,6%	R$ 2.272,40

2.4.4 PIS e Cofins sobre receita financeira

Desde julho de 2015, as empresas que apuram PIS e Cofins pela modalidade não cumulativa ou que apuram essas contribuições de forma concomitante pela cumulatividade e pela não cumulatividade estão sujeitas ao pagamento delas sobre as receitas financeiras, nas alíquotas de 0,65% para o PIS e 4% para a Cofins.

Nas receitas correspondentes a juros sobre o capital próprio, as alíquotas são de 1,65% e 7,6%, isto é, são alíquotas básicas. Já para as receitas decorrentes de variações monetárias em função de taxa de câmbio, a incidência é de alíquota zero.

2.4.5 PIS e Cofins sobre exportação

Nas receitas de exportação de mercadorias e serviços, não há incidência de PIS e Cofins. Conforme descrito por Pêgas (2018, p. 39), não há tributação sobre:

> a) exportação de mercadorias para o exterior;
> b) prestação de serviços para pessoa física ou jurídica residente ou domiciliada no exterior, cujo pagamento represente ingresso de divisas; e

c) vendas a empresa comercial exportadora com o fim específico de exportação, tendo esta empresa que comprovar o embarque das mercadorias para o exterior no prazo máximo de 180 dias (art. 9º da Lei nº 10.833/03).

Para prestação de serviço no exterior, a legislação autoriza a não incidência das referidas contribuições quando for comprovado o ingresso de divisas, isto é, o pagamento realizado do exterior ao Brasil ou por meio de cartão de crédito emitido no exterior, mas não permite o pagamento em moeda estrangeira (Pêgas, 2018).

Perguntas & respostas

1. De acordo com o inciso II do art. 3° da Lei n. 10.833/2003, são passíveis de créditos de PIS e de Cofins pela modalidade não cumulativa os bens e os serviços utilizados como insumos na prestação de serviços e na produção ou na fabricação de bens ou de produtos destinados à venda. O que podemos considerar como *insumo* para fins de crédito das referidas contribuições?

O conceito de insumo é um tema bastante discutido pelas empresas, uma vez que não há como o legislador relacionar o que é considerado insumo de acordo com o tipo de atividade desenvolvida pela empresa, assim como do produto e/ou do serviço necessário para tal.

Pêgas (2018) descreve o significado de *insumo,* previsto no dicionário Aurélio, como o elemento/recurso usado na produção de algo.

O novo regulamento do PIS e da Cofins, disposto na Instrução Normativa RFB n. 1.911/2019 define *insumo* da seguinte forma:

Art. 172. Para efeitos do disposto nesta Subseção, consideram-se insumos os bens ou serviços considerados essenciais ou relevantes, que integram o processo de produção ou fabricação de bens destinados à venda ou de prestação de serviços [...]. (Brasil, 2019c)

O conceito descrito na norma traz uma abrangência maior do termo *insumo*, tratando como tal as despesas essenciais para a produção de bens e a prestação de serviços.

2.5 Contribuição Previdenciária sobre a Receita Bruta (CPRB)

A Medida Provisória n. 540, de 2 de agosto de 2011 (Brasil, 2011b), convertida pela Lei n. 12.546, de 14 de dezembro de 2011 (Brasil, 2011a), instituiu a Contribuição Previdenciária sobre a Receita Bruta (CPRB), também conhecida como *desoneração da folha*.

Como o próprio nome diz, trata-se de uma contribuição previdenciária, mas calculada sobre a receita bruta, e não sobre a folha de salários e, dessa forma, serve para substituir o Instituto Nacional do Seguro Social (INSS) patronal. Após muitas outras medidas criadas determinando alíquotas, atividades e regras para a CPRB, atualmente ela é uma contribuição facultativa. Assim, alguns contribuintes podem avaliar o que é mais vantajoso para o exercício: recolher valores para a previdência sobre a folha de pagamentos ou sobre a receita bruta.

Conforme previsto no art. 7º da Lei n. 12.546/2011, até 31 de dezembro de 2020, algumas atividades poderão contribuir sobre o valor da receita bruta para a Previdência Social, excluídas as vendas canceladas e os descontos incondicionais concedidos, em substituição às contribuições sobre a folha de pagamentos (Brasil, 2011a). As atividades previstas na legislação atualmente estão apresentadas na Tabela 2.8.

Tabela 2.8 – Alíquotas de CPRB por atividade

Atividades autorizadas à desoneração da folha	Serviços prestados	Alíquota
a) Serviços de TI e TIC	• Análise e desenvolvimento de sistemas. • Programação. • Processamento de dados e congêneres. • Elaboração de programas de computadores, inclusive de jogos eletrônicos. • Licenciamento ou cessão de direito de uso de programas de computação. • Assessoria e consultoria em informática. • Suporte técnico em informática, inclusive instalação, configuração e manutenção de programas de computação e de bancos de dados, bem como serviços de suporte técnico em equipamentos de informática em geral. • Planejamento, confecção, manutenção e atualização de páginas eletrônicas. • Execução continuada de procedimentos de preparação ou processamento de dados de gestão empresarial, pública ou privada, e gerenciamento de processos de clientes, com o uso combinado de mão de obra e sistemas computacionais.	4,5%
b) *Call center*	*Call center*	3%
c) Empresas de transporte rodoviário coletivo de passageiros, com itinerário fixo, municipal, intermunicipal em região metropolitana, intermunicipal, interestadual e internacional enquadradas nas classes 4921-3 e 4922-1 da CNAE[1] 2.0	• 4921-3/01 Transporte rodoviário coletivo de passageiros, com itinerário fixo, municipal. • 4921-3/02 Transporte rodoviário coletivo de passageiros, com itinerário fixo, intermunicipal em região metropolitana. • 4922-1/01 Transporte rodoviário coletivo de passageiros, com itinerário fixo, intermunicipal, exceto em região metropolitana. • 4922-1/02 Transporte rodoviário coletivo de passageiros, com itinerário fixo, interestadual. • 4922-1/03 Transporte rodoviário coletivo de passageiros, com itinerário fixo, internacional.	2%

[1] Classificação Nacional de Atividades Econômicas (Cnae)

(continua)

(Tabela 2.8 – continuação)

Atividades autorizadas à desoneração da folha	Serviços prestados	Alíquota
d) Empresas do setor de construção civil, enquadradas nos grupos 412, 432, 433 e 439 da CNAE 2.0	• 4120-4/00 Construção de edifícios. • 43.21-5 Instalações elétricas. • 43.22-3 Instalações hidráulicas, de sistemas de ventilação e refrigeração. • 43.29-1 Obras de instalações em construções não especificadas anteriormente. • 4330-4/01 Impermeabilização em obras de engenharia civil. • 4330-4/02 Instalação de portas, janelas, tetos, divisórias e armários embutidos de qualquer material. • 4330-4/03 Obras de acabamento em gesso e estuque. • 4330-4/04 Serviços de pintura de edifícios em geral. • 4330-4/05 Aplicação de revestimentos e de resinas em interiores e exteriores. • 4330-4/99 Outras obras de acabamento da construção. • 43.91-6 Obras de fundações. • 43.99-1 Serviços especializados para construção não especificados anteriormente.	Com matrícula CEI^2 a partir de 01/12/2015: 4,5% Com matrícula CEI até 30/11/2015: 2%
e) Empresas de transporte ferroviário de passageiros, enquadradas nas subclasses 4912-4/01 e 4912-4/02 da CNAE 2.0	• 4912-4/01 Transporte ferroviário de passageiros intermunicipal e interestadual. • 4912-4/02 Transporte ferroviário de passageiros municipal e em região metropolitana.	2%
f) Empresas de transporte metroferroviário de passageiros, enquadradas na subclasse 4912-4/03 da CNAE 2.0	• 4912-4/03 Transporte metroviário.	2%
g) De transporte rodoviário de cargas, enquadradas na classe 4930-2 da CNAE 2.0	• 49.30-2 Transporte rodoviário de carga	1,5

(continua)

2 Cadastro Específico do INSS (CEI).

(Tabela 2.8 – conclusão)

Atividades autorizadas à desoneração da folha	Serviços prestados	Alíquota
h) Empresas de construção de obras de infraestrutura, enquadradas nos grupos 421, 422, 429 e 431 da CNAE 2.0	• 42.11-1 Construção de rodovias e ferrovias. • 42.12-0 Construção de obras de arte especiais. • 42.13-8 Obras de urbanização – ruas, praças e calçadas. • 42.21-9 Obras para geração e distribuição de energia elétrica e para telecomunicações. • 42.22-7 Construção de redes de abastecimento de água, coleta de esgoto e construções correlatas. • 42.23-5 Construção de redes de transportes por dutos, exceto para água e esgoto. • 42.91-0 Obras portuárias, marítimas e fluviais. • 42.92-8 Montagem de instalações industriais e de estruturas metálicas. • 42.99-5 Obras de engenharia civil não especificadas anteriormente. • 43.11-8 Demolição e preparação de canteiros de obras. • 43.12-6 Perfurações e sondagens. • 43.13-4 Obras de terraplenagem. • 43.19-3 Serviços de preparação do terreno não especificados anteriormente.	4,5%
i) Empresas jornalísticas e de radiodifusão sonora e de sons e imagens de que trata a Lei n. 10.610, de 20 de dezembro de 2002 (Brasil, 2002b), enquadradas nas classes 1811-3, 5811-5, 5812-3, 5813-1, 5822-1, 5823-9, 6010-1, 6021-7 e 6319-4 da CNAE 2.0	• 18.11-3 Impressão de jornais, livros, revistas e outras publicações periódicas • 58.11-5 Edição de livros • 58.12-3 Edição de jornais • 58.13-1 Edição de revistas • 58.22-1 Edição integrada à impressão de jornais • 58.23-9 Edição integrada à impressão de revistas • 60.10-1 Atividades de rádio • 60.21-7 Atividades de televisão aberta • 63.19-4 Portais, provedores de conteúdo e outros serviços de informação na internet	1,5%

Fonte: Elaborado com base em Brasil, 2011a.

Para as atividades previstas no item "d" – "Empresas do setor de construção civil, enquadradas nos grupos 412, 432, 433 e 439 da CNAE 2.0" –, devem ser aplicadas as seguintes regras, conforme Lei n. 12.546/2011, art. 7º, parágrafo 9º:

I – para as obras matriculadas no Cadastro Específico do INSS– CEI até o dia 31 de março de 2013, o recolhimento da contribuição previdenciária deverá ocorrer na forma dos incisos I e

III do caput do art. 22 da Lei nº 8.212, de 24 de julho de 1991, até o seu término;

II – para as obras matriculadas no Cadastro Específico do INSS–CEI no período compreendido entre 1º de abril de 2013 e 31 de maio de 2013, o recolhimento da contribuição previdenciária deverá ocorrer na forma do caput, até o seu término;

III – para as obras matriculadas no Cadastro Específico do INSS–CEI no período compreendido entre 1º de junho de 2013 até o último dia do terceiro mês subsequente ao da publicação desta Lei, o recolhimento da contribuição previdenciária poderá ocorrer, tanto na forma do caput, como na forma dos incisos I e III do caput do art. 22 da Lei nº 8.212, de 24 de julho de 1991

IV – para as obras matriculadas no Cadastro Específico do INSS – CEI após o primeiro dia do quarto mês subsequente ao da publicação desta Lei, o recolhimento da contribuição previdenciária deverá ocorrer na forma do caput, até o seu término;

[...]

§ 10. A opção a que se refere o inciso III do § 9º será exercida de forma irretratável mediante o recolhimento, até o prazo de vencimento, da contribuição previdenciária na sistemática escolhida, relativa a junho de 2013 e será aplicada até o término da obra. (Brasil, 2011a)

A base de cálculo da CPRB é a receita operacional da empresa, exceto as vendas canceladas e os descontos incondicionais. As receitas que não fazem parte da operação da empresa não entram na base de cálculo. A opção pelo recolhimento da CPRB deve ser feita no início do ano, sendo irretratável para todo o ano-calendário, isto é, não pode ser alterada durante o exercício.

Síntese

Neste capítulo, relembramos as regras específicas e básicas sobre os principais regimes de tributação, como o Lucro Real, o Lucro Presumido e o Simples Nacional. Não comentamos sobre o Lucro Arbitrado aqui, pois, além de ser um regime pouco comum, ele não é utilizado, em regra, para processos de planejamento tributário, uma vez que é considerado punição, devido ao aumento nas bases tributáveis.

Os regimes de tributação são, em geral, o primeiro passo para um planejamento tributário: não é somente o IR que pode definir um planejamento, mas todos os tributos que podem ser alterados quando a opção pelo regime tributário mudar. Por exemplo, no Lucro Real, o PIS e a Cofins são calculados pela modalidade não cumulativa; no entanto, mesmo que existam créditos sobre custos e despesas, talvez não sejam o regime mais barato.

Com relação ainda às contribuições, podemos considerar a CPRB uma possibilidade de redução de ônus tributário, já que, em alguns casos, pode-se optar por recolher a contribuição previdenciária sobre a receita bruta ou sobre a folha de salários, observando o que é mais vantajoso para a organização.

Exercício resolvido

(Consulplan – 2018 – CFC) Uma prestadora de serviços de consultoria obteve no exercício de 2016 um prejuízo fiscal acumulado no seu LALUR no valor de R$ 250.000. No exercício de 2017, a empresa apresentou na Demonstração de Resultado um lucro de R$ 450.000, assim distribuídos:

Despesas Operacionais	R$ 50.000
Resultado Positivo da Equivalência Patrimonial	R$ 500.000
Custos dos Serviços Prestados	R$ 19.100.000
Receitas de Serviços de Consultoria	R$ 20.000.000
Provisão para Crédito de Liquidação Duvidosa (Não realizada)	R$ 900.000

Considerando essas informações, qual seria o valor do imposto de renda anual a pagar?
a) R$ 90.000,00.
b) R$ 126.000,00.
c) R$ 127.500,00.
d) R$ 169.750,00.

Resolução

O primeiro passo para a resolução dessa questão é encontrar o lucro líquido ajustado. Para isso, devemos excluir os efeitos de provisão do resultado da equivalência patrimonial, conforme o cálculo a seguir (em R$).

Receita de serviços de consultoria	**20.000.000,00**
Custo dos serviços prestados	(19.100.000,00)
Despesas operacionais	(50.000,00)
PECLD	(900.000,00)
Resultado positivo de equivalência	500.000,00
Lair	**450.000,00**
Ajuste Lalur	
Lair	450.000,00
(+) PECLD	900.000,00
(–) EP	(500.000,00)
= Lucro ajustado	**850.000,00**
(–) Compensação 30%*	(250.000,00)
= Lucro ajustado	**600.000,00**
× IRPJ 15%	90.000,00
× Adicional 10% 36.000,00	
(600.000 – 240.000 = 360.000 × 10%)	
Σ Total IRPJ	**126.000,00**

Resposta correta: alternativa b.

*Limite do saldo existente

Questões para revisão

1. (Inep – 2018 – Enad – Ciências Contábeis) Uma sociedade empresária que atua no ramo de comércio de combustíveis e que optou por realizar a tributação de seu resultado por meio da sistemática do Lucro Presumido apresentou os seguintes dados referentes ao primeiro trimestre de 2018:

Receita com venda de gasolina	R$ 500.000,00
Descontos incondicionais concedidos sobre a venda de gasolina	R$ 10.000,00
Descontos condicionais (financeiros) sobre a venda de gasolina	R$ 5.000,00
Receita com venda de mercadorias (loja de conveniência)	R$ 250.000,00
ICMS sobre a venda de mercadorias (loja de conveniência)	R$ 45.000,00
Receita com prestação de serviços (serviço de lavagem de carro)	R$ 50.000,00
Ganho de venda de ativo não circulante (imobilizado)	R$ 30.000,00
Juros ativos	R$ 5.000,00
Juros passivos	R$ 3.000,00

Sabendo-se que a legislação tributária prevê que os índices para o cálculo do Lucro Presumido são de 1,6% sobre a venda de combustíveis, de 8% sobre a venda de mercadorias e de 32% sobre a prestação de serviços, é correto afirmar que o valor total devido de Imposto de Renda (alíquota básica de 15% mais adicional de 10%) para o primeiro trimestre de 2018 é de

a) R$ 11.826,00.
b) R$ 12.790,00.
c) R$ 13.690,00.
d) R$ 13.710,00.
e) R$ 19.710,00.

2. Considerando a legislação do Imposto de Renda, considere o grupo de despesas a seguir e assinale a alternativa que apresenta somente a despesa indedutível na apuração do IRPJ e da CSLL pelo regime do Lucro Real.

a) Salários e ordenados.
b) Provisões cíveis e trabalhistas.
c) Depreciação baseada na taxa fiscal.
d) Despesa com alimentação do trabalhador – PAT.
e) Despesas com juros incorridos de parcelamento.

3. Considere que um escritório de arquitetura, tributado pelo Simples Nacional, tem uma receita acumulada nos últimos 12 meses de R$ 255.000,00. De acordo com a Lei Complementar n. 123/2006, tal atividade pode ser tributada pelo Anexo III ou pelo Anexo V do Simples, de acordo com alguns critérios da folha de salários. Considere que, em julho, esse escritório teve uma receita no valor de R$ 23.500,00 e que sua folha de pagamento foi de R$ 4.860,00.

   Com base nesses dados, em qual anexo a empresa estaria enquadrada nesse mês? Por quê?

4. Em janeiro, a empresa UNT optou pela tributação com base no Lucro Presumido, tendo então a incidência de PIS e de Cofins pela modalidade cumulativa. Assim, no mesmo período, a empresa apresentou as informações a seguir em seu balanço:

   Receita operacional – R$ 150.000,00;
   Receita financeira – R$ 56.000,00;
   Receita com venda de sucata (não operacional) – R$ 5.000,00;
   Despesa com depreciação – R$ 12.000,00;
   Despesa com energia elétrica – R$ 3.000,00;
   Despesa com folha de salário – R$ 25.000,00.
   Considerando essas informações, calcule o valor devido de PIS e de Cofins para a empresa UNT no mês de janeiro.

5. A companhia AVM, de transporte municipal de passageiros, optou pela tributação da contribuição previdenciária sobre a receita bruta em substituição ao INSS sobre a folha de salários. Considerando-se que, em abril, a companhia obteve uma receita bruta operacional no valor de R$ 300.000,00 e receita financeira de R$ 55.000,00, o valor a recolher de CPRB no período é de:
   a) R$ 7.100,00.
   b) R$ 13.500,00.

c) R$ 6.000,00.
d) R$ 15.975,00.
e) R$ 4.500,00.

Questão para reflexão

1. A CPRB, conhecida como *desoneração da folha de salários*, é uma contribuição que teve como intuito reduzir o ônus tributário para determinadas atividades. Desde sua criação, a Lei n. 12.546/2011 (Brasil, 2011a), que dispõe sobre esse tributo, tem passado por diversas alterações e modificações. Muitas empresas passaram a utilizar a CPRB como possibilidade de planejamento tributário, considerando que a folha de pagamento afeta muito o caixa, uma vez que há diversos encargos patronais a ser pagos sobre a folha de salários.

Uma alternativa para a mesma contribuição é a retirada do ICMS da base de cálculo da CPRB, uma vez que o ICMS não se trata de receita bruta, mas de entrada de valores destinados aos cofres estaduais. Dessa forma, como você imagina que seja possível realizar um estudo de redução da carga tributária, considerando tal contribuição?

Planejamento tributário voltado aos incentivos fiscais em âmbito do Imposto de Renda

3

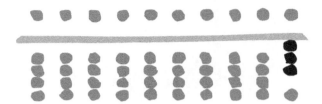

Conteúdos do capítulo:

- Incentivos fiscais sobre a base de cálculo.
- Incentivos fiscais sobre o valor do imposto devido.

Após o estudo deste capítulo, você será capaz de:

1. reconhecer as modalidades de incentivos fiscais existentes;
2. compreender como e quando tais incentivos podem ser aplicados;
3. identificar em que momentos os incentivos fiscais podem ser utilizados.

Segundo conceitos de Oliveira et al. (2015, p. 419), incentivo fiscal é a "renúncia total ou parcial de receita fiscal do Governo em favor de entidades públicas ou privadas com objetivo de benefícios sociais e econômicos".

Os incentivos fiscais são uma forma de subsidiar determinadas atividades consideradas relevantes ao legislador, o qual proporciona, então, benefícios tributários às empresas que fizerem doações para essas atividades.

Segundo Pêgas (2018, p. 405), "o governo federal concede, via legislação específica, incentivos fiscais, com o objetivo de destinar parte da arrecadação do [Imposto de Renda] IR para áreas e atividades que necessitem de apoio federal para desenvolvimento".

A Constituição Federal prevê, ainda, no art. 150, parágrafo 6º, que qualquer subsídio ou isenção, redução de base de cálculo, concessão de crédito presumido, anistia ou remissão, relativo a impostos, taxas ou contribuições, só poderá ser concedido mediante lei específica, federal, estadual ou municipal (Brasil, 1988).

Neste capítulo, vamos conhecer os principais incentivos fiscais aplicáveis a pessoas físicas e jurídicas, em âmbito do Imposto de Renda (IR). São eles:

- Empresa Cidadã;
- Programa de Alimentação do Trabalhador (PAT);
- Lei Rouanet;
- Vale-Cultura;
- Fundo da Criança e do Adolescente;
- Lei de incentivo ao desporto;
- Pronon e Pronas;
- Fundo do Idoso;
- Lei do Bem.

Um ponto importante é que os incentivos de dedução do imposto devido são aplicados somente sobre o valor do Imposto de Renda Pessoa Jurídica (IRPJ) de 15%, não podendo considerar o adicional (10%) para dedução por incentivo.

Antes desse tipo de doação ou patrocínio, é importante que a empresa doadora verifique as instituições passíveis de dedução para incentivos fiscais, pois nem todas as entidades sem fins lucrativos ou relacionadas às áreas descritas são inventivas. Para que isso ocorra, elas devem ter projetos aprovados pelo ministério a que corresponda o objetivo, por exemplo, para projetos culturais, deve ser observado o Ministério da Cultura. Em geral as prefeituras dispõem de uma relação das entidades que têm tais projetos.

3.1 Empresa Cidadã

O programa Empresa Cidadã foi instituído pela Lei n. 11.770, de 9 de setembro de 2008 (Brasil, 2008a) e posteriormente regulamentado pelo Decreto n. 7.052, de 23 de dezembro de 2009 (Brasil, 2009a). Esse programa se destina à prorrogação da licença maternidade por mais 60 dias e, assim, ela passa de 120 para 180 dias. A norma prorroga também a licença paternidade por mais 15 dias – dada pela na Lei n. 13.257, de 8 de março de 2016 (Brasil, 2016b) –, totalizando, assim, 20 dias de afastamento.

Para os casos de adoção, também se prevê acréscimo da licença maternidade por mais 60 dias (passando a 180 dias no total), quando se tratar de criança de até 1 ano, e por mais 30 dias (totalizando 90 dias) quando a criança tiver ente 1 e 4 anos de idade. Já para crianças acima dos 4 até os 8 anos, a prorrogação da licença maternidade é de 15 dias, o que totaliza 45 dias de dispensa.

A empresa, quando tributada com base no Lucro Real, que fizer sua habilitação no programa Empresa Cidadã poderá deduzir, do IRPJ devido, o total da remuneração do empregado pago no período de prorrogação de sua licença maternidade ou paternidade. No entanto, é vedada a dedução como despesa operacional, devendo a empresa adicioná-la no Livro de Apuração do Lucro Real (Lalur) e no Livro de Apuração da Contribuição Social (Lacs). A dedução fica ainda limitada ao valor do IR devido.

Vejamos no exemplo a seguir como fica o Lalur de uma empresa que tenha habilitação na Empresa Cidadã.

Tabela 3.1 – Cálculo do incentivo – Empresa Cidadã (em R$)

Lair[1]	689.500,00
ADIÇÕES	194.210,00
Provisões trabalhistas	150.000,00
Brindes	34.000,00
Multas	2.010,00
Salário-maternidade – Empresa Cidadã	8.200,00
EXCLUSÕES	(311.000,00)
Receita de equivalência	(311.000,00)
LUCRO REAL	572.710,00
IRPJ 15%	85.906,50
Adicional 10%	33.271,00
Total IRPJ mês	119.177,50
(–) Salário-maternidade – Empresa Cidadã	(8.200,00)
IRPJ a pagar	110.977,50
CSLL[2] 9%	51.543,90
CSLL a Pagar	51.543,90

Note que o valor da remuneração a título de licença maternidade pelo programa Empresa Cidadã deve ser adicionado ao Lalur, contudo, toda a remuneração paga a esse título pode ser deduzida diretamente do valor do IR devido.

3.2 Programa de Alimentação do Trabalhador

O Programa de Alimentação do Trabalhador (PAT) é um plano de complementação alimentar no qual o governo, a empresa e os trabalhadores partilham responsabilidades. O PAT tem como princípio norteador o atendimento ao trabalhador de baixa renda, melhorando suas condições nutricionais e gerando, consequentemente, saúde, bem-estar e maior produtividade.

Para utilização do incentivo do PAT, a empresa deverá realizar sua inscrição no programa, por meio da Secretaria de

1 Lucro Antes do Imposto de Renda (Lair).
2 Contribuição Social sobre o Lucro Líquido (CSLL).

Trabalho do Ministério da Economia. É importante salientar que, mesmo para empresas tributadas em outros regimes, que não possam utilizar os benefícios fiscais do PAT, a inscrição no MTE é obrigatória, caso contrário, os valores fornecidos referentes à alimentação/refeição podem ser caracterizados como salário.

O PAT foi criado pela Lei n. 6.321, de 14 de abril de 1976, que faculta às pessoas jurídicas, tributadas pelo Lucro Real, a dedução das despesas com a alimentação dos próprios trabalhadores em até 4% do IRPJ devido (Brasil, 1976a). Sua regulamentação é dada pelo Decreto n. 05, de 14 de janeiro de 1991 (Brasil, 1991a), e pela Portaria n. 3, de 1º de março de 2002 (Brasil, 2002d). O valor que exceder o limite de 4% poderá ser utilizado em até dois anos.

Além da redução do valor do IR devido, o contribuinte poderá considerar o valor pago ao trabalhador, a título de alimentação, como despesa dedutível.

O incentivo sobre o Imposto de Renda devido é feito da seguinte forma: (I) aplicação do percentual de 15% sobre a despesa com refeição (esse é o total que pode ser incentivado); (II) redução de 4% do valor do IR devido, estando ainda limitado ao valor apurado correspondente à despesa com refeição.

Vejamos o que diz o Regulamento do Imposto de Renda (RIR), de acordo com o Decreto n. 9.580, de 22 de novembro de 2018 (Brasil, 2018):

> Art. 641. A pessoa jurídica poderá deduzir do imposto sobre a renda devido o valor equivalente à aplicação da alíquota do imposto sobre a soma das despesas de custeio realizadas no período de apuração, no PAT, instituído pela Lei nº 6.321, de 14 de abril de 1976, nos termos estabelecidos nesta Seção.
> Parágrafo único. As despesas de custeio admitidas na base de cálculo do incentivo são aquelas que vierem a constituir o custo direto e exclusivo do serviço de alimentação, e poderão ser considerados, além da matéria-prima, da mão de obra, dos

encargos decorrentes de salários, do asseio e dos gastos de energia diretamente relacionados ao preparo e à distribuição das refeições.

Art. 642. A dedução de que trata o art. 641 fica limitada a quatro por cento do imposto sobre a renda devido em cada período de apuração e o excesso poderá ser transferido para dedução nos dois anos-calendário subsequentes

Art. 643. Para a execução dos PAT, a pessoa jurídica beneficiária poderá manter serviço próprio de refeições, distribuir alimentos e firmar convênio com entidades fornecedoras de alimentação coletiva, sociedades civis, sociedades comerciais e sociedades cooperativas.

Vejamos o exemplo a seguir:

Tabela 3.2 – Cálculo incentivo ao PAT (em R$)

Competência	2016	2017	2018
Despesa total com alimentação	90.000,00	90.000,00	90.000,00
Limite de dedução (15%)	13.500,00	13.500,00	13.500,00
LUCRO REAL	1.750.500,00	2.450.600,00	2.670.568,00
IRPJ 15%	262.575,00	367.590,00	400.585,20
Adicional 10%	151.050,00	367.590,00	400.585,20
Total IRPJ mês	413.625,00	588.650,00	643.642,00
(–) Dedução PAT	(10.503,00)	(13.500,00)	(13.500,00)
(–) Saldo PAT anterior	–	(1.203,60)	(1.793,40)
IRPJ a pagar	403.122,00	573.946,40	628.348,60
Saldo não utilizado	2.997,00	1.793,40	–

Observe que, para o exercício de 2016, o limite a ser deduzido era de R$ 10.503,00, valor correspondente a 4% do IR devido, sem considerar o adicional. Como a despesa com alimentação previa um incentivo de R$ 13.500,00, o saldo não aproveitado foi conservado para compensação no ano seguinte.

Dessa forma, em 2017, podemos notar que a dedução inicial ficou limitada ao valor do incentivo integral do período, que era de R$ 13.500,00. Porém, como o limite de 4% do valor do IR não havia sido atingido, foi aproveitado parte do incentivo não utilizado do ano anterior. Assim, totalizou-se uma dedução de R$ 14.703,60 (4% do IR devido em 2017).

Já para 2018, o limite possível da dedução era de R$ 16.023,41 (4% do IR), porém o valor do incentivo do ano era de R$ 13.500,00. Como havia saldo do ano anterior, ele foi totalmente aproveitado, pois era menor do que o limite previsto para a dedução.

A utilização indevida do incentivo acarreta sua perda e algumas penalidades ao contribuinte.

3.3 Lei Rouanet

A Lei n. 8.313, de 23 de dezembro de 1991 (Brasil, 1991d), é conhecida como *Lei de Incentivo à Cultura* ou *Lei Rouanet*. Segundo Pêgas (2018, p. 409), essa lei "ficou conhecida como Lei Rouanet, homenagem ao Ministro da Cultura na época, Sérgio Paulo Rouanet".

Essa lei tratou dos incentivos fiscais das atividades culturais ou artísticas. Posteriormente, a Lei n. 9.874, de 23 de novembro de 1999 (Brasil, 1999b), deu nova redação a alguns artigos da Lei n. 8.313/1991 (Pêgas, 2018).

O incentivo fiscal da Lei Rouanet tem atualmente as seguintes modalidades:
- Projetos especiais (previsto no art. 18 da lei);
- Outros projetos (previstos nos arts. 25 e 26 da lei).

Os projetos especiais, previstos no art. 18 da Lei n. 8.313/1991, referem-se a doações e a patrocínios dos seguintes segmentos:

a) artes cênicas;
b) livros de valor artístico, literário ou humanístico;
c) música erudita ou instrumental;
d) exposições de artes visuais;

e) doações de acervos para bibliotecas públicas, museus, arquivos públicos e cinematecas, bem como treinamento de pessoal e aquisição de equipamentos para a manutenção desses acervos;
f) produção de obras cinematográficas e vide fonográficas de curta e média metragem e preservação e difusão do acervo audiovisual; e
g) preservação do patrimônio cultural material e imaterial.
h) construção e manutenção de salas de cinema e teatro, que poderão funcionar também como centros culturais comunitários, em Municípios com menos de 100.000 (cem mil) habitantes. (Brasil, 1991d)

As doações e/ou os patrocínios descritos são utilizados como incentivo fiscal para empresas tributadas pelo Lucro Real. Ainda, o valor total incentivado pode ser deduzido do IR (alíquota básica) devido, limitado a 4% do valor do imposto. Entretanto, as despesas não serão dedutíveis e devem ser adicionadas na apuração do IRPJ e da Contribuição Social sobre o Lucro Líquido (CSLL).

Com relação aos projetos previstos nos arts. 25 e 26 da lei, as doações e os patrocínios referem-se a estes segmentos:

I – teatro, dança, circo, ópera, mímica e congêneres;
II – produção cinematográfica, videográfica, fotográfica, discográfica e congêneres;
III – literatura, inclusive obras de referência;
IV – música;
V – artes plásticas, artes gráficas, gravuras, cartazes, filatelia e outras congêneres;
VI – folclore e artesanato;
VII – patrimônio cultural, inclusive histórico, arquitetônico, arqueológico, bibliotecas, museus, arquivos e demais acervos;
VIII – humanidades; e
IX – rádio e televisão, educativas e culturais, de caráter não-comercial. (Brasil, 1991c)

As doações e/ou os patrocínios descritos nos arts. 25 e 26 são utilizados como incentivo fiscal para empresas do Lucro Real. Esse incentivo é limitado a 40%, correspondentes à doação efetuada, e a 30%, correspondentes ao patrocínio, tudo ainda limitado a 4% do IR. Os valores ainda são dedutíveis como despesa operacional.

Vejamos a seguir um exemplo referente ao art. 18 da lei de utilização do patrocínio e da doação como incentivo fiscal do IR.

Tabela 3.3 – Cálculo incentivo à cultura (em R$)

Lucro antes do incentivo cultural	900.000,00
Doação Lei Rouanet (art. 18)	(15.000,00)
Lucro antes dos impostos e das contribuições	885.000,00
LUCRO REAL	900.000,00
IRPJ 15%	135.000,00
Adicional 10%	66.000,00
Total IRPJ antes da dedução	201.000,00
Dedução do IR – incentivo Lei Rouanet (até 4% do IR)	(8.040,00)
IR a pagar	192.960,00
Contribuição social	81.000,00

Note que o valor dado em doação (R$ 15.000,00) foi adicionado à base de cálculo do IRPJ e da CSLL, aumentando o valor do Lucro Real. Após isso ser feito, parte do valor doado foi abatida diretamente do IR devido, porém, limitado a 4%, equivalendo, então, a uma dedução de R$ 8.040,00 no valor do IR (R$ 135.000,00 × 4%).

Agora vejamos um exemplo referente aos arts. 25 e 26 da lei, na Tabela 3.4.

Tabela 3.4 – Cálculo incentivo à cultura (em R$)

Lucro antes do incentivo cultural	900.000,00
Patrocínio Lei Rouanet (arts. 25 e 26)	(15.000,00)
Lucro antes dos impostos e das contribuições	885.000,00
LUCRO REAL	885.000,00
IRPJ 15%	132.750,00
Adicional 10%	64.500,00
Total IRPJ	197.250,00
Dedução do IR – incentivo Lei Rouanet	(4.500,00)
IR a pagar	192.750,00
Contribuição social	79.650,00

Nesse exemplo, foi realizado um patrocínio no valor de R$ 15.000,00, correspondente aos itens dos arts. 25 e 26 da Lei Rouanet. O valor total patrocinado é considerado despesa dedutível e não é, assim, adicionado à apuração do IR e da contribuição social. Para fins de incentivo, por se tratar de patrocínio, a dedução deve se limitar, além de a 4% do IR, também a 30% do valor pago.

No caso de doações ou de patrocínios realizados por pessoas físicas, a legislação fiscal prevê uma dedução na declaração de ajuste anual de 80% das doações e de 60% dos patrocínios.

Perguntas & respostas

1. Quais as principais alterações nas regras para o incentivo à cultura ocorridas em 2019?

As principais alterações estão apresentadas no Quadro 3.1, a seguir.

Quadro 3.1 – Alterações na legislação de incentivo à cultura

Medida	Objetivo	Como era? IN 5/2017[3]	Como ficou? IN 2/2019[4]
Redução no valor teto de aprovação por projeto	Redução da concentração de recursos incentivados nas mãos de poucos proponentes	Valor máximo por projeto não pode ultrapassar R$ 60 milhões	Valor máximo por projeto não pode ultrapassar R$ 1 milhão
Redução no valor teto de aprovação por carteira permitindo que mais proponentes tenham acesso a recursos	Redução da concentração de recursos incentivados nas mãos de poucas empresas	Valor máximo da carteira de projetos de uma empresa ou de grupo de empresas com sócio comum não pode ultrapassar R$ 60 milhões	Valor máximo da carteira de projetos de uma empresa ou de grupo de empresas com sócio comum não pode ultrapassar R$ 10 milhões
Aumento de no mínimo 100% no percentual obrigatório de ingressos destinados à distribuição gratuita de caráter social	Mais oportunidade de acesso às artes para a população brasileira mais pobre	Máximo de 10% de ingressos exclusivamente para distribuição gratuita com caráter social. A IN não especificava a forma de distribuição	Os atuais 10% de gratuidade passarão a ser entre 20% e 40%, de forma progressiva e na proporção do histórico de captação do proponente. A distribuição gratuita deverá priorizar os participantes do Cadastro Único, preferencialmente utilizando ONGs vinculadas ao CNEAS, com a participação do município. Será desenvolvido um aplicativo para otimizar a distribuição, evitar riscos de desvios e que permita uma melhor previsão do acesso, evitando falhas na frequência do público nos projetos.
Contrapartidas de formação e capacitação em todos os projetos culturais beneficiados pela Lei	Mais inclusão e incentivo à formação de plateia	Ações educativas eram obrigatórias apenas para propostas culturais de planos anuais e plurianuais	O proponente passa a realizar pelo menos uma ação de formação e/ou capacitação relacionada a todos os projetos apresentados de comum acordo com a administração dos municípios

(continua)

3 Instrução Normativa n. 5, de 26 de dezembro de 2017 (Brasil, 2017c).
4 Instrução Normativa n. 2, de 23 de abril de 2019 (Brasil, 2019a).

(Quadro 3.1 – conclusão)

Medida	Objetivo	Como era? IN 5/2017[3]	Como ficou? IN 2/2019[4]
Redução no valor de comercialização dos ingressos	Mais oportunidade de acesso às artes para a população brasileira menos assistida	Mínimo de 20% dos ingressos destinados à comercialização em valores que não ultrapassem R$ 75	Mínimo de 10% dos ingressos destinados à comercialização em valores que não ultrapassem R$ 50 (mesmo valor do Vale-Cultura)
Incentivo à regionalização do incentivo cultural	Desconcentração regional da cultura, fora do eixo Rio-São Paulo	Aumento de 50% no limite de projetos e no valor total deles nas regiões Norte, Nordeste e Centro-Oeste e ampliação de 25% no limite de projetos e no valor total deles na região Sul e nos estados de Minas Gerais e Espírito Santo	Os indutores ficam restritos à quantidade de projetos ativos nas carteiras dos proponentes, desde que integralmente executados nas regiões Norte, Nordeste e Centro-Oeste, de 50% para 100%. Nas regiões Sul e nos estados de Minas Gerais e Espírito Santo, de 25% para 50%

Fonte: Brasil, 2019d.

Consultando a legislação

BRASIL. Secretaria Especial da Cultura. Lei de Incentivo à Cultura. Disponível em: <http://leideincentivoacultura.cultura.gov.br/>. Acesso em: 15 abr. 2020.
Conheça mais sobre a Lei de Incentivo à Cultura no site do Governo Federal.

3.4 Vale-Cultura

O Vale-Cultura é um benefício dado ao trabalhador para que ele tenha acesso a atividades e a fontes de cultura. Foi instituído pela Lei n. 12.761, de 27 de dezembro de 2012 (Brasil, 2012d).

O Vale-Cultura tem como propósito (Brasil, 2012d):

- possibilitar o acesso e a fruição dos produtos e dos serviços culturais;
- estimular a visitação a estabelecimentos culturais e artísticos;
- incentivar o acesso a eventos e a espetáculos culturais e artísticos.

Ainda, segundo a própria lei:

> § 1º Para os fins deste Programa, são definidos os serviços e produtos culturais da seguinte forma:
> I – serviços culturais: atividades de cunho artístico e cultural fornecidas por pessoas jurídicas, cujas características se enquadrem nas áreas culturais previstas no § 2º; e
> II – produtos culturais: materiais de cunho artístico, cultural e informativo, produzidos em qualquer formato ou mídia por pessoas físicas ou jurídicas, cujas características se enquadrem nas áreas culturais previstas no § 2º.
> § 2º Consideram-se áreas culturais para fins do disposto nos incisos I e II do § 1º:
> I – artes visuais;
> II – artes cênicas;
> III – audiovisual;
> IV – literatura, humanidades e informação;
> V – música; e
> VI – patrimônio cultural. (Brasil, 2012d)

A norma prevê um valor mensal por trabalhador de R$ 50,00. Prioritariamente, o Vale-Cultura deve ser fornecido aos trabalhadores que possuem remuneração mensal de até cinco vezes o salário mínimo. O empregador poderá pagar o Vale-Cultura aos demais empregados, desde que todos recebam tal incentivo. Essa regra se aplica às empresas habilitadas ao Programa Cultura do Trabalhador.

O empregado poderá ainda ter parte do valor descontado do seu salário, conforme previsto no art. 16 do Decreto n. 8.084, de 26 de agosto de 2013 (Brasil, 2013).

Consultando a legislação

BRASIL. Decreto n. 8.084, de 26 de agosto de 2013. **Diário Oficial da União**, Poder Executivo, Brasília, DF, 27 ago. 2013. Disponível em: <http://www.planalto.gov.br/ccivil_03/_Ato2011-2014/2013/Decreto/D8084.htm>. Acesso em: 15 abr. 2020.
Conheça a lei que estabelece as diretrizes para o benefício do Vale-Cultura.

As pessoas jurídicas optantes pelo Lucro Real e inscritas no Programa de Cultura do Trabalhador poderão considerar o valor pago aos empregados, a título de Vale-Cultura, como despesa operacional, para fins de apuração do IRPJ. No entanto, deverão adicionar o montante na base da CSLL.

Tais empresas poderão ainda reduzir 1% do valor do IR devido, até o limite do valor pago.

Vejamos o exemplo da Tabela 3.5.

Tabela 3.5 – Cálculo do Vale-Cultura (em R$)

Lucro antes do incentivo cultural	500.000,00
Despesa bruta com o Vale-Cultura	(5.000,00)
Lucro antes dos impostos e das contribuições	495.000,00
LUCRO REAL – IR	495.000,00
IRPJ 15%	74.250,00
Adicional 10%	25.500,00
Total IRPJ	99.750,00
Dedução do IR – incentivo Vale-Cultura	(742,50)
IR a pagar	99.007,50
Lucro Real – CSLL	500.000,00
Contribuição social	45.000,00

Nesse exemplo, o valor total gasto com Vale-Cultura foi de R$ 5.000,00. Na apuração do IR, essa despesa é dedutível, gerando um Lucro Real de R$ 495.000,00. Além disso, é possível deduzir 1% do valor do IR de R$ 742,50. Já para o cálculo da CSLL, tal despesa foi adicionada à memória de cálculo, por isso, a base de cálculo ficou em R$ 500.000,00.

3.5 Fundo da Criança e do Adolescente

A Lei n. 8.069, de 13 de julho de 1990 (Brasil, 1990), dispõe sobre o Estatuto da Criança e do Adolescente (ECA) e prevê o incentivo fiscal dado às empresas do Lucro Real, para as doações ligadas ao Fundo da Criança e do Adolescente (Funcriança). Segundo Pêgas (2018), tal incentivo pode ser definido em lei federal, estadual ou municipal e a dedução limita-se a 1% do IR devido pela alíquota básica.

No entanto, o valor doado deverá ser adicionado à base de cálculo do IRPJ e da CSLL, como podemos observar no exemplo da Tabela 3.6.

Tabela 3.6 – Incentivo ao Fundo da Criança e do Adolescente (em R$)

Lucro antes da doação ao Funcriança	300.000,00
Doação realizada	(10.000,00)
Lucro antes dos impostos e das contribuições	290.000,00
Adições	10.000,00
LUCRO REAL – IR	300.000,00
IRPJ 15%	45.000,00
Adicional 10%	6.000,00
Total IRPJ	51.000,00
Dedução do IR – limite de 1%	(450,00)
IR a pagar	50.550,00
Lucro Real – CSLL	27.000,00

Nesse exemplo, a doação foi de R$ 10.000,00, a qual deve ser adicionada ao Lucro Real. O valor do incentivo fiscal é de até 1% do IR (15%) devido. Assim, o incentivo para tal doação é de R$ 450,00.

Para doações realizadas por pessoas físicas, o incentivo é de até 6% do valor do IR apurado na declaração de ajuste anual.

Consultando a legislação

BRASIL. Lei n. 8.069, de 13 de julho de 1990. **Diário Oficial da União**, Poder Legislativo, Brasília, DF, 16 jul. 1990. Disponível em: <http://www.planalto.gov.br/ccivil_03/leis/l8069.htm>. Acesso em: 15 abr. 2020. Conheça a lei que regulamenta o incentivoao Fundo da Criança e do Adolescente.

3.6   Incentivo ao desporto

O incentivo a atividades desportivas está previsto na Lei n. 11.438, de 29 de dezembro de 2006 (Brasil, 2006c), com alterações posteriores. Segundo o enunciado na lei, até o ano de 2022 as pessoas jurídicas do Lucro Real poderão deduzir do IR a despesa com doação ou patrocínio no apoio direto a projetos desportivos e paradesportivos, previamente aprovados pelo Ministério do Esporte, limitada a 1% do valor do imposto. No entanto, tal despesa deverá ser adicionada à base de cálculo do IRPJ e da CSLL.

Esse incentivo pode ser utilizado junto com outros, como podemos visualizar no exemplo da Tabela 3.7.

Tabela 3.7 – Cálculo do incentivo ao desporto (em R$)

Lucro antes das doações	300.000,00
Doação realizada – Funcriança	(10.000,00)
Doação realizada – incentivo ao desporto	(5.000,00)
Lucro antes dos impostos e das contribuições	285.000,00
Adições	15.000,00
LUCRO REAL – IR	300.000,00
IRPJ 15%	45.000,00
Adicional 10%	6.000,00
Total IRPJ	51.000,00
Dedução do IR – Funcriança	(450,00)
Dedução do IR – incentivo ao desporto	(450,00)
IR a pagar	50.100,00
Lucro Real – CSLL	27.000,00

Nesse exemplo, foram acumulados dois incentivos, sendo que a dedução de cada um está limitada a 1% do IR antes do adicional.

As pessoas físicas que realizarem doações relacionadas ao incentivo ao esporte poderão deduzir até 6% do valor do IR apurado na declaração de ajuste anual.

Consultando a legislação

BRASIL. Lei n. 11.438, de 29 de dezembro de 2006. **Diário Oficial da União**, Poder Legislativo, Brasília, 29 dez. 2006. Disponível em: <http://www.planalto.gov.br/ccivil_03/_Ato2004-2006/2006/Lei/L11438.htm>. Acesso em: 15 abr. 2020.
Conheça a lei de incentivo ao desporto.

3.7 Pronon e Pronas/PCD

Pronon refere-se ao Programa Nacional de Apoio à Atenção Oncológica, e Pronas/PCD, ao Programa Nacional de Apoio à Atenção da Saúde da Pessoa com Deficiência.

A Lei n. 12.715, de 17 de setembro de 2012 (Brasil, 2012b), instituiu incentivos voltados ao Pronon e ao Pronas/PCD, sendo que a despesa com doação a esses programas pode ser deduzida do valor do IR, com limitação de 1% para cada programa.

No entanto, tais despesas são indedutíveis na apuração do IRPJ e da CSLL. A referida lei prevê o incentivo até o ano de 2021 para as pessoas jurídicas incentivadoras dos programas. Já para as pessoas físicas, o fomento poderá ser aplicado até o ano-calendário de 2020.

> § 1º As doações poderão assumir as seguintes espécies de atos gratuitos:
> I – transferência de quantias em dinheiro;
> II – transferência de bens móveis ou imóveis;

III – comodato ou cessão de uso de bens imóveis ou equipamentos;

IV – realização de despesas em conservação, manutenção ou reparos nos bens móveis, imóveis e equipamentos, inclusive os referidos no inciso III; e

V – fornecimento de material de consumo, hospitalar ou clínico, de medicamentos ou de produtos de alimentação. (Brasil, 2012b)

Os incentivos aqui citados não excluem outros, podendo ser cumulativos. Vejamos um exemplo na Tabela 3.8.

Tabela 3.8 – Cálculo dos incentivos Pronon e Pronas/PCD (em R$)

Lucro antes das doações	500.000,00
Doação realizada – Funcriança	(10.000,00)
Doação realizada – incentivo ao desporto	(5.000,00)
Doação realizada – Pronon	(6.000,00)
Doação realizada – Pronas/PCD	(6.000,00)
Lucro antes dos impostos e das contribuições	473.000,00
Adições	27.000,00
LUCRO REAL – IR	500.000,00
IRPJ 15%	75.000,00
Adicional 10%	26.000,00
Total IRPJ	101.000,00
Dedução do IR – Funcriança	(750,00)
Dedução do IR – incentivo ao desporto	(750,00)
Dedução do IR – Pronon	(750,00)
Dedução do IR – Pronas/PCD	(750,00)
IR a pagar	98.000,00
Lucro Real – CSLL	45.000,00

Nesse exemplo, consideramos as doações ao Fundo da Criança e do Adolescente, ao incentivo ao esporte, ao Pronon e ao Pronas/PCD. Todos as despesas relacionadas a tais doações foram adicionadas à base do IRPJ e da CSLL e a dedução ficou limitada a 1% do valor do IR para cada incentivo.

Consultando a legislação

BRASIL. Lei n. 12.715, de 17 de setembro de 2012. **Diário Oficial da União**, Poder Legislativo, Brasília, DF, 18 set. 2012. Disponível em: <http://www.planalto.gov.br/ccivil_03/_Ato2011-2014/2012/Lei/L12715.htm>. Acesso em: 15 abr. 2020.
Conheça a lei que define as regras do Pronon e do Pronas/PCD.

3.8 Fundo do Idoso

Para doações realizadas ao Fundo do Idoso, a Lei n. 12.213, de 20 de janeiro de 2010 (Brasil, 2010), prevê incentivo fiscal de redução do valor do IR, limitado a 1% do imposto devido pela alíquota básica. No entanto, a despesa com a doação deve ser adicionada à base de cálculo do IRPJ e da CSLL.

Na Tabela 3.9, temos um exemplo da referida dedução na apuração do IR da pessoa jurídica.

Tabela 3.9 – Cálculo do incentivo ao Fundo do Idoso (em R$)

Lucro antes das doações	500.000,00
Doação realizada – Funcriança	(10.000,00)
Doação realizada – incentivo ao desporto	(5.000,00)
Doação realizada – Pronon	(6.000,00)
Doação realizada – Pronas/PCD	(6.000,00)
Doação realizada – Fundo do Idoso	(8.000,00)
Lucro antes dos impostos e das contribuições	465.000,00
Adições	35.000,00
LUCRO REAL – IR	500.000,00
IRPJ 15%	75.000,00
Adicional 10%	26.000,00
Total IRPJ	101.000,00

(continua)

(Tabela 3.9 – conclusão)

Dedução do IR – Funcriança	(750,00)
Dedução do IR – incentivo ao desporto	(750,00)
Dedução do IR – Pronon	(750,00)
Dedução do IR – Pronas/PCD	(750,00)
Dedução do IR – Fundo do Idoso	(750,00)
IR a pagar	97.250,00
Lucro Real – CSLL	45.000,00

Nesse exemplo, consideramos as doações ao Fundo da Criança e do Adolescente, ao incentivo ao desporto, ao Pronon, ao Pronas/PCD e, por fim, ao Fundo do Idoso. Podemos notar que todos os valores doados a título desses incentivos devem ser adicionados na apuração do IRPJ e da CSLL, podendo cada um ser deduzido do IR devido até o limite de 1%, em cada caso.

Consultando a legislação

BRASIL. Lei n. 12.213, de 20 de janeiro de 2010. **Diário Oficial da União**, Poder Legislativo, Brasília, DF, 21 jan. 2010. Disponível em: <http://www.planalto.gov.br/ccivil_03/_Ato2007-2010/2010/Lei/L12213.htm>. Acesso em: 15 abr. 2020.

Para saber como funciona esse incentivo, consulte sua legislação.

Com relação aos incentivos vistos até o momento, podemos notar que é possível uma dedução do IR devido até o limite de 14%, considerando:
- 4% para o PAT;
- 4% para a Lei Rouanet;
- 1% para o Vale-Cultura;
- 1% para o Fundo da Criança e do Adolescente;
- 1% para a prática desportiva;
- 1% para o Pronon;
- 1% para o Pronas/PCD;
- 1% para o Fundo do Idoso.

Dessa forma, cabe a cada contribuinte realizar um estudo no decorrer do exercício a fim de identificar as melhores oportunidades no que se refere aos incentivos de doações e de patrocínios.

3.9 Lei do Bem

A *Lei do Bem*, como é conhecida a Lei n. 11.196, de 21 de novembro de 2005 (Brasil, 2005), trata do incentivo à inovação e à tecnologia. As despesas com pesquisa em desenvolvimento e inovação tecnológica são dedutíveis na apuração do IR e da contribuição social, até mesmo quando são feitas em países com universidades e instituições de pesquisa ou com inventores independentes, como prevê o inciso do art. 2º da Lei 10.973, de 2 de dezembro de 2004 (Brasil, 2004b). Isso pode acontecer caso a responsabilidade, o risco empresarial, a gestão e o controle da utilização dos resultados dos dispêndios fiquem a cargo da pessoa jurídica que os realizou (Pêgas, 2018). Para isso, a empresa beneficiária do incentivo deve apresentar relatório anualmente ao Ministério da Ciência, Tecnologia, Inovações e Comunicações (MCTIC).

Além das despesas dedutíveis, a pessoa jurídica poderá ainda excluir do lucro líquido o valor correspondente a 60% do total dos dispêndios realizados no período de apuração com pesquisa e desenvolvimento em inovação tecnológica.

A exclusão poderá "chegar a até 70% se o número de empregados pesquisadores contratados pela empresa aumentar em relação ao número médio de empregados contratados no ano anterior em até 5%. Se o aumento ultrapassar os 5%, a exclusão poderá ser de 80%" (Pêgas, 2018, p. 413).

De acordo com a Lei do Bem, é considerada *inovação tecnológica* a concepção de um novo produto ou de um novo processo de fabricação, bem como a agregação de novas funcionalidades ou características ao produto ou processo que implique melhorias incrementais e efetivo ganho de qualidade ou produtividade, podendo resultar em uma maior competitividade (Brasil, 2005).

Já a pesquisa tecnológica e o desenvolvimento de inovação tecnológica são atividades de:

a) pesquisa básica dirigida: os trabalhos executados com o objetivo de adquirir conhecimentos quanto à compreensão de novos fenômenos, com vistas ao desenvolvimento de produtos, processos ou sistemas inovadores;
b) pesquisa aplicada: os trabalhos executados com o objetivo de adquirir novos conhecimentos, com vistas ao desenvolvimento ou aprimoramento de produtos, processos e sistemas;
c) desenvolvimento experimental: os trabalhos sistemáticos delineados a partir de conhecimentos preexistentes, visando a comprovação ou demonstração da viabilidade técnica ou funcional de novos produtos, processos, sistemas e serviços ou, ainda, um evidente aperfeiçoamento dos já produzidos ou estabelecidos;
d) tecnologia industrial básica: aquela tal como a aferição e calibração de máquinas e equipamentos, o projeto e a confecção de instrumentos de medida específicos, a certificação de conformidade, inclusive os ensaios correspondentes, a normalização ou a documentação técnica gerada e o patenteamento do produto ou processo desenvolvido; e
e) serviços de apoio técnico: aqueles que sejam indispensáveis à implantação e à manutenção das instalações ou dos equipamentos destinados, exclusivamente, à execução de projetos de pesquisa, desenvolvimento ou inovação tecnológica, bem como à capacitação dos recursos humanos a eles dedicados. (Brasil, 2006a)

Vejamos, na Tabela 3.10, como fica o cálculo dos tributos diretos de uma empresa com incentivo pela Lei do Bem.

Tabela 3.10 – Exemplo de incentivo da Lei do Bem (em R$)

Lucro antes dos dispêndios com tecnologia	500.000,00
Dispêndios com tecnologia – Lei do Bem	(80.000,00)
Lucro antes dos impostos e das contribuições	420.000,00
Exclusão – Lei do Bem	(48.000,00)
LUCRO REAL – IR	372.000,00
IRPJ 15%	55.800,00
Adicional 10%	13.200,00
Total IRPJ	69.000,00
Total CSLL	33.480,00

Note que as despesas com tecnologia são dedutíveis na apuração da base de cálculo do IR e da contribuição social. Além disso, 60% do total dessas despesas foram excluídos do lucro líquido, reduzindo assim a base tributável.

Consultando a legislação

BRASIL. Lei n. 11.196, de 21 de novembro de 2005. **Diário Oficial da União**, Poder Legislativo, Brasília, DF, 22 nov. 2005. Disponível em: <http://www.planalto.gov.br/ccivil_03/_Ato2004-2006/2005/Lei/L11196.htm>. Acesso em: 15 abr. 2020.
Consulte o texto integral da Lei do Bem.

3.10 Bônus de Adimplência

O Bônus de Adimplência é uma espécie de benefício fiscal aplicado às pessoas jurídicas tributadas com base no Lucro Presumido ou no Lucro Real. Esse benefício fiscal é aplicado somente para a CSLL.

Segundo o art. 271 da Instrução Normativa RFB n. 1.700, de 14 de março de 2017 (Brasil, 2017b), as pessoas jurídicas adimplentes com os tributos administrados pela Receita Federal nos últimos cinco anos poderão utilizar tal benefício.

Esse bônus consiste em reduzir o valor devido da CSLL do período de apuração. A dedução é correspondente a 1% sobre a base de cálculo da CSLL determinada, segundo as normas do regime de apuração. A base de cálculo a ser utilizada é referente ao ano em que for permitido o aproveitamento do bônus. Para os casos em que a empresa realize a sua apuração pelo regime trimestral, o bônus poderá ser calculado em relação aos quatro trimestres do ano-calendário e será deduzido da CSLL devida no último trimestre.

Para saber mais

I.R. DO BEM. Disponível em: <https://www.irdobem.com.br/>. Acesso em: 16 abr. 2020.

Para você ficar por dentro das deduções do Imposto de Renda de pessoa física relacionadas aos incentivos vistos neste capítulo e conhecer as formas e as instituições passíveis de dedução do imposto devido, acesse o *link* indicado. Nesse *site*, você pode também simular o valor que pode incentivar do seu imposto.

Se o valor do bônus for superior à contribuição social devida, o saldo poderá ser utilizado em períodos subsequentes das seguintes formas: em cada trimestre, no caso de pessoa jurídica tributada com base no Lucro Real trimestral ou no Lucro Presumido; ou no ajuste anual, no caso de pessoa jurídica tributada com base no Lucro Real anual.

> Art. 274. Não fará jus ao bônus a pessoa jurídica que nos últimos 5 (cinco) anos-calendário tenha incorrido em qualquer das seguintes hipóteses, em relação aos tributos administrados pela RFB:
> I – lançamento de ofício;
> II – débitos com exigibilidade suspensa;
> III – inscrição em dívida ativa;
> IV – recolhimentos ou pagamentos em atraso; ou
> V – falta ou atraso no cumprimento de obrigação acessória.
> (Brasil, 2017b)

Vejamos o exemplo da Tabela 3.11.

Tabela 3.11 – Cálculo com redução da CSLL por bônus de adimplência – anual (em R$)

LUCRO REAL ANUAL	600.000,00
IRPJ 15%	90.000,00
Adicional 10%	36.000,00
IRPJ a pagar	126.000,00
(–) Bônus de Adimplência	(6.000,00)
CSLL a pagar	48.000,00

Nesse exemplo, temos uma apuração do IRPJ e da CSLL pelo Lucro Real anual. O bônus é aferido em 1% do valor da base de cálculo referente ao período anual. Dessa forma, deduz-se tal valor direto da contribuição social.

Na Tabela 3.12, temos um exemplo do bônus pelo Lucro Presumido.

Tabela 3.12 – Cálculo com redução da CSLL por bônus de adimplência – trimestral (em R$)

Competência	1º Trimestre	2º Trimestre	3º Trimestre	4º Trimestre
Lucro Presumido				
Base de cálculo CSLL	180.442,78	172.576,38	169.542,55	196.637,53
CSLL 9%	16.239,85	15.531,87	15.258,83	17.697,38
(–) Bônus de Adimplência	–	–	–	(7.191,99)
CSLL a pagar	16.239,85	15.531,87	15.258,83	17.697,38

Na apuração pelo Lucro Presumido, o bônus é apurado sobre a base de cálculo da CSLL de todo o período (isto é, dos quatro trimestres) e somente é abatido do valor da contribuição social do último trimestre do ano.

Síntese

Neste capítulo, analisamos os principais incentivos fiscais aplicáveis às empresas. Parte deles é utilizada também por pessoas físicas, deduzindo, assim, até 6% do valor do IR apurado na declaração de ajuste anual. Já para as pessoas jurídicas, no que diz respeito às deduções diretas no IR, a redução pode chegar a 14%, considerando-se todos os incentivos que possam ser somados. Além disso, há a dedução do Bônus de Adimplência para a CSLL, que pode ser utilizada uma vez a cada cinco anos.

É importante ressaltar que a possibilidade de usar os incentivos depende também da instituição beneficiária, em caso de doação, pois é necessário que ela tenha projeto aprovado pela ministério ao qual corresponde o objetivo de sua proposta.

Os incentivos fiscais são como uma desoneração tributária. Lembramos que não existem apenas os incentivos vistos neste capítulo, tampouco somente os de âmbito federal. Examinamos aqui os mais comuns utilizados por diversas empresas, no entanto, existem ainda incentivos de tributos indiretos, como o PIS e a Cofins, além do Imposto sobre Produtos Industrializados (IPI), do Imposto sobre Circulação de Mercadorias e Serviços (ICMS) e do Imposto Sobre Serviços (ISS), por exemplo. Para que os benefícios fiscais sejam utilizados da melhor forma possível, é necessário estar sempre atualizado quanto à legislação pertinente, assim como entender o negócio envolvido.

Exercício resolvido

Considere que a empresa UNT, tributada pelo Lucro Real, em 2018, apresentou os seguintes saldos no Lalur:

Lair	250.000,00
ADIÇÕES	172.000,00
Provisões trabalhistas	120.000,00
Brindes concedidos	40.000,00
Salário-maternidade – Empresa Cidadã	12.000,00
EXCLUSÕES	–
–	–
LUCRO REAL	422.000,00

Considerando-se o Lucro Real apresentado e o incentivo fiscal do Empresa Cidadã, qual é o valor total do Imposto de Renda devido no período?

a) R$ 81.500,00.
b) R$ 51.300,00.
c) R$ 69.500,00.
d) R$ 63.300,00.
e) R$ 18.200,00.

Resolução

LUCRO REAL	422.000,00
IRPJ 15%	63.300,00
Adicional 10%	18.200,00
Total IRPJ mês	81.500,00
(–) Salário-maternidade – Empresa Cidadã	(12.000,00)
IRPJ a pagar	422.000,00

Resposta correta: alternativa c.

Questões para revisão

1. As empresas inscritas no Programa de Alimentação do Trabalhador (PAT) poderão diminuir o valor da refeição fornecida a seus empregados como despesa operacional, tendo ainda o que podemos chamar de *duplo incentivo*, que é a dedução de parte do valor do IR, limitada ao valor fornecido. Tendo como base o que você aprendeu neste capítulo, assinale a alternativa que corresponde ao percentual de dedução do PAT sobre o IR devido no período:

    a) 10%.
    b) 14%.
    c) 1%.
    d) 4%.
    e) 6%.

2. A companhia INT, tributada pelo Lucro Real anual, deseja efetuar uma doação para um evento de produção cinematográfica. Considerando-se que o valor doado foi de R$ 10.000,00 e o Lucro Real do período foi de R$ 600.000,00, qual é o valor passível de dedução da Lei Rouanet nesse período?

   a) R$ 4.000,00.
   b) R$ 3.600,00.
   c) R$ 10.000,00.
   d) R$ 3.000,00.
   e) R$ 6.000,00.

3. Uma empresa apresentou um Lucro Real de R$ 200.000,00, no exercício X1, e aproveitou os incentivos fiscais relacionados ao Fundo do Idoso e ao incentivo ao deporto. O IR devido pela empresa, considerando IRPJ de 15%, é de:

   a) R$ 29.400,00.
   b) R$ 30.000,00.
   c) R$ 300,00.
   d) R$ 600,00.
   e) R$ 32.000,00.

4. Considere as seguintes informações (em R$) referentes ao exercício de 2018:

Lucro antes dos dispêndios com tecnologia	300.000,00
Dispêndios com tecnologia – Lei do Bem	(20.000,00)
Lucro antes dos impostos e contribuições	280.000,00

Esses dados referem-se a uma pessoa jurídica que possui benefício fiscal da Lei do Bem, destinando parte das suas despesas com pesquisa em tecnologia. Considerando-se que, em 2018, o número de empregados pesquisadores contratados aumentou em 8% em comparação com o ano anterior, quanto será o valor a ser excluído no Lalur em 2018?

a) R$ 12.000,00.
b) R$ 14.000,00.
c) R$ 16.000,00.
d) R$ 18.000,00.
e) R$ 15.000,00.

5. A empresa Xpto Ltda. é tributada pelo Lucro Presumido e nunca pagou imposto atrasado, assim como suas obrigações acessórias foram todas entregues no prazo. Dessa forma, a empresa Xpto pretende utilizar o Bônus de Adimplência em sua apuração, tendo assim uma redução em sua carga tributária.

Com base nas informações apresentadas a seguir (em R$), assinale a alternativa que apresenta o valor da redução da CSLL do período.

Competência	1º trimestre	2º trimestre	3º trimestre	4º trimestre
Base de cálculo CSLL	175.200,00	198.500,00	201.250,00	230.350,00

a) R$ 2.303,50.
b) R$ 8.777,77.
c) R$ 4.055,50.
d) R$ 8.053,00.
e) R$ 9.000,00.

Questão para reflexão

1. Alguns critérios de incentivos fiscais, principalmente de incentivo à cultura (mais especificamente, a Lei Rouanet), formam discussões de longa data. Em 2019, houve alteração do limite para captação do incentivo:

NOVA LEI DE INCENTIVO À CULTURA REDUZ DE R$ 60 MILHÕES PARA R$ 1 MILHÃO TETO DE CAPTAÇÃO POR PROJETO.

Mudança no valor máximo evita a concentração do incentivo nas mãos de poucos proponentes, garante melhor distribuição dos recursos e amplia acesso

[...]

O ministro da Cidadania, Osmar Terra, anunciou mudanças históricas na Lei Federal de Incentivo à Cultura. As novas regras foram oficializadas em instrução normativa publicada no Diário Oficial da União e passam a valer imediatamente. O objetivo das alterações, segundo o ministro, é garantir melhor distribuição dos recursos disponíveis e ampliar o acesso à cultura em todas as regiões do País.

"Queremos que os pequenos e médios artistas, de todas as regiões, sejam beneficiados pela Lei. Mais projetos apoiados significa mais atividades culturais em mais cidades do Brasil. É a cultura chegando mais perto de cada brasileiro, e construindo cidadania", disse Terra.

A principal mudança trazida pela nova IN é a redução nos valores máximos permitidos por projeto e por carteira (conjunto de projetos por empresa), que visam melhorar a distribuição dos recursos e estimular pequenos e médios produtores culturais a apresentarem mais projetos.

O valor máximo autorizado para um projeto, que era de R$ 60 milhões, caiu para R$ 1 milhão, redução de 98%. No caso das carteiras – que são o conjunto de projetos apresentados por uma empresa ou por um grupo de empresas com sócio em comum – o teto passou de R$ 60 milhões para R$ 10 milhões, queda de 83%.

> "Com o mesmo dinheiro, só que melhor distribuído, vamos ter muito mais atividades culturais e mais artistas apoiados, dando mais oportunidade também para novos talentos", explicou o ministro.

Fonte: Brasil, 2019d.

O principal motivo para a alteração da Lei Rouanet está relacionado a diversas denúncias a respeito dos valores incentivados, não só por parte das empresas concedentes dos patrocínios e das doações, mas também dos beneficiários. Com base na publicação citada e em outras notícias já veiculadas sobre o tema, como você entende que a Administração Pública poderia controlar seus recursos para evitar que incentivos fiscais sejam utilizados de forma indevida?

Planejamento tributário voltado à reorganização societária

4

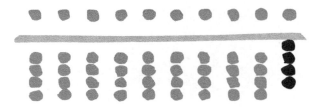

Conteúdos do capítulo:

- Formas de reorganização societária.
- Compensação de prejuízos fiscais.
- Aproveitamento de ágio.

Após o estudo deste capítulo, você será capaz de:

1. reconhecer as diversas formas de reorganização societária;
2. compreender as condições de compensação de prejuízo fiscal em processos de reorganização societária;
3. identificar como e quando pode ser feita a compensação do ágio por expectativa de rentabilidade futura.

O processo de reorganização societária há tempos vem sendo utilizado como uma forma de planejamento estratégico e, em muitos casos, com consequente programação tributária.

Neste capítulo, vamos conhecer quais são os tipos de reorganização societária previstos em nossa legislação comercial e que podem, em algum momento, trazer benefícios de redução do ônus tributário.

4.1 Fusão

De acordo com o conceito da Instrução Normativa Drei n. 35, de 3 de março de 2017, no, art. 18, a fusão é a operação em que duas ou mais sociedades se unem, constituindo uma nova sociedade, que lhes sucederá em todos os direitos e obrigações (Brasil, 2017a).

Segundo Diniz Junior (2018, p. 112),

Em síntese, a fusão implica, em um primeiro momento, a junção de uma ou mais sociedades empresariais, e no momento seguinte, o desaparecimento dessas empresas fusionadas e com o surgimento de uma nova empresa, mais robusta e, em tese, com maior possibilidade de atuação no segmento de mercado em que elas (fusionadas) atuavam.

4.2 Cisão

A cisão é o processo em que uma sociedade já existente transfere seu patrimônio, podendo fazê-lo parcialmente, reduzindo, assim, seu capital, ou totalmente, sendo, nesse caso, extinta. Tal transferência pode ocorrer para uma ou para mais sociedades, que já existam ou que tenham sido constituídas para esse fim (Brasil, 2017a).

Dessa forma, é possível observar duas formas de cisão: a total e a parcial. De acordo com Diniz Junior (2018, p. 110), a cisão parcial é caracterizada pela divisão do capital social, transferindo parte do patrimônio da companhia cindida para uma ou para mais empresas; o capital social da originária fica reduzido e há sucessão proporcional dos direitos e das obrigações para a nova empresa e, por fim, mantém-se a cindida ainda em atividade.

Na cisão total ocorre a divisão total do capital social para transferência integral do patrimônio da empresa cindida para uma ou para mais empresas. Pode-se criar uma sucessão de direitos e de obrigações proporcional para as empresas que receberam parte do patrimônio da cindida e, por fim, há a extinção desta (Diniz Junior, 2018).

A Lei n. 6.404, de 15 de dezembro de 1976 (conhecida como Lei das Sociedades Anônimas), determina:

Art. 233. Na cisão com extinção da companhia cindida, as sociedades que absorverem parcelas do seu patrimônio responderão solidariamente pelas obrigações da companhia extinta. A companhia cindida que subsistir e as que absorverem parcelas do seu patrimônio responderão solidariamente pelas obrigações da primeira anteriores à cisão.

Parágrafo único. O ato de cisão parcial poderá estipular que as sociedades que absorverem parcelas do patrimônio da companhia cindida serão responsáveis apenas pelas obrigações que lhes forem transferidas, sem solidariedade entre si ou com a companhia cindida, mas, nesse caso, qualquer credor anterior poderá se opor à estipulação, em relação ao seu crédito, desde que notifique a sociedade no prazo de 90 (noventa) dias a contar da data da publicação dos atos da cisão. (Brasil, 1976b)

A cisão pode ainda ser usada para divisão societária, uma vez que a legislação não determina a extinção da originária, tampouco que as parcelas patrimoniais sejam atribuídas a todos os sócios.

4.3 Incorporação

Segundo a Instrução Normativa Drei n. 25/2017, "A incorporação é a operação pela qual uma ou mais sociedades são absorvidas por outra que lhes sucede em todos os direitos e obrigações" (Brasil, 2017a).

A respeito da incorporação, o Código Civil – Lei n. 10.406, de 10 de janeiro de 2002 – prevê ainda:

Art. 1.116. Na incorporação, uma ou várias sociedades são absorvidas por outra, que lhes sucede em todos os direitos e obrigações, devendo todas aprová-la, na forma estabelecida para os respectivos tipos.

Art. 1.117. A deliberação dos sócios da sociedade incorporada deverá aprovar as bases da operação e o projeto de reforma do ato constitutivo.

§ 1º A sociedade que houver de ser incorporada tomará conhecimento desse ato, e, se o aprovar, autorizará os administradores a praticar o necessário à incorporação, inclusive a subscrição em bens pelo valor da diferença que se verificar entre o ativo e o passivo.

§ 2º A deliberação dos sócios da sociedade incorporadora compreenderá a nomeação dos peritos para a avaliação do patrimônio líquido da sociedade, que tenha de ser incorporada.

Art. 1.118. Aprovados os atos da incorporação, a incorporadora declarará extinta a incorporada, e promoverá a respectiva averbação no registro próprio. (Brasil, 2002a)

Diniz Junior (2018) explica que, na incorporação, surgem duas expressões: sociedade incorporadora e sociedade incorporada. Nesse formato, a sociedade incorporadora absorve o patrimônio, total ou parcial, da sociedade incorporada. "Na incorporação há sucessão e os direitos e obrigações passam para a sociedade incorporadora, diante da extinção da incorporada, restando em seu lugar apenas a antiga incorporadora, que passa a existir com nova configuração" (Diniz Junior, 2008, p. 112).

4.4 Sociedade coligada e controlada

Conforme previsto na Lei n. 6.404/1976, no art. 243, parágrafo 1º, são coligadas as sociedades nas quais a investidora tenha influência significativa. O parágrafo 4º do mesmo artigo explica que se considera que há influência significativa quando a investidora detém ou exerce o poder de participar nas decisões das políticas financeiras ou operacionais da investida, sem controlá-la.

Vejamos o que o Comitê de Pronunciamentos Contábeis (CPC) 18 declara sobre influência significativa:

> Se o investidor mantém direta ou indiretamente (por meio de controladas, por exemplo), vinte por cento ou mais do poder de voto da investida, presume-se que ele tenha influência significativa, a menos que possa ser claramente demonstrado o contrário. Por outro lado, se o investidor detém, direta ou indiretamente (por meio de controladas, por exemplo), menos de vinte por cento do poder de voto da investida, presume-se que ele não tenha influência significativa, a menos que essa influência possa ser claramente demonstrada. A propriedade CPC_18 (R2) substancial ou majoritária da investida por outro investidor não necessariamente impede que um investidor tenha influência significativa sobre ela. (CPC, 2012a, p. 3)

Já as sociedades controladas estão previstas no parágrafo 2º do art. 243 da Lei das Sociedades Anônimas (Brasil, 1976b), conceituando que se considera controlada a sociedade na qual a controladora, diretamente ou por meio de outras empresas das quais detenha o controle, é titular de direitos de sócio que lhe assegurem, de modo permanente, a preponderância nas deliberações sociais e o poder de eleger a maioria dos administradores.

Ferrari (2012) explana que, para que seja considerada uma sociedade controlada e controladora, é necessário que a investidora tenha direta ou indiretamente mais de 50% do capital votante da investida.

Há ainda o controle em conjunto, que é o compartilhamento, contratualmente convencionado do controle de negócio, que existe somente quando decisões sobre as atividades relevantes exigem o consentimento unânime das partes que compartilham o controle. O CPC 18 conceitua ainda que "empreendimento controlado em conjunto (joint venture) é um acordo conjunto por meio do qual as partes, que detêm o controle em conjunto do acordo contratual, têm direitos sobre os ativos líquidos desse acordo" (CPC, 2012a, p. 3)

4.5 Compensação de prejuízos fiscais

Como você deve saber, *prejuízo* é o resultado negativo apurado por uma empresa. Isso significa que suas despesas foram superiores às receitas naquele período, gerando, assim, um **prejuízo contábil** na demonstração de resultado. Semelhante ao prejuízo contábil, temos o **prejuízo fiscal**, aquele apurado de forma extracontábil, no Livro de Apuração do Imposto de Renda (Lalur) ou no Livro de Apuração da Contribuição Social (Lacs).

Uma empresa pode apresentar prejuízo fiscal mesmo tendo lucro contábil se suas exclusões na apuração do Imposto de Renda Pessoa Jurídica (IRPJ) e da Contribuição Social sobre o Lucro Líquido (CSLL) forem maiores do que as adições. Assim, o prejuízo fiscal deve ser guardado na parte B do livro de apuração do Imposto de Renda (IR) e da contribuição social, para que possa ser utilizado para compensar lucros fiscais em períodos seguintes.

Como visto no Capítulo 2, os prejuízos fiscais apurados em determinado período podem ser compensados em períodos subsequentes, com a limitação de 30% do lucro fiscal do período.

Por exemplo, uma pessoa jurídica tem escriturado na parte B do Lalur um prejuízo fiscal de R$ 150 mil referente a períodos anteriores.

No exercício X1, essa empresa apresentou um lucro ajustado de R$ 400 mil. Dessa forma, ela poderá compensar R$ 120 mil do lucro fiscal, ficando com uma base de cálculo de R$ 280 mil a ser tributada.

Já na parte B do Lalur, ficará um saldo de R$ 30 mil a ser compensado em períodos futuros.

O valor a ser compensado a título de prejuízo fiscal, escriturado na parte B do LALUR, não tem limitação de prazo para que possa ser utilizado.

Com relação a eventos de fusão, cisão e incorporação, o Regulamento do Imposto de Renda (RIR) – Decreto n. 9.580, de 22 de novembro de 2018 (Brasil, 2018) – dispõe que, para os casos em que ocorre extinção da empresa que tenha prejuízos fiscais, a compensação ainda fica limitada aos 30% do lucro do período apurado. No entanto, tal tema foi extensamente discutido entre os contribuintes e o Fisco para que pudesse ocorrer a compensação integral, isto é, sem observar o limite proposto, no momento do balanço de encerramento, uma vez que o saldo não poderia ser transferido para a empresa que está absorvendo o patrimônio da outra: "Art. 585. A pessoa jurídica sucessora por incorporação, fusão ou cisão não poderá compensar prejuízos fiscais da sucedida" (Brasil, 2018).

Dessa forma, muitos eram os processos com relação à Administração Pública com a utilização da totalidade dos prejuízos fiscais. Até que o Conselho Administrativo de Recursos Fiscais (Carf) decidiu manter a compensação limitada em 30%.

> **CARF mantém entendimento de que a compensação de prejuízos fiscais deve observar o limite de 30% em caso de incorporação da empresa**
>
> [...] Em sessão realizada hoje, 8/12, a 1ª Turma da Câmara Superior de Recursos Fiscais decidiu, por maioria de votos, manter o entendimento de que a compensação de prejuízos fiscais deve observar o limite de 30%, pois inexiste base legal para a compensação integral, em caso de incorporação da empresa. A última vez em que o tema havia sido debatido em instância especial, ocorreu em sessão do dia 16 de outubro de 2013, momento em que foi proferido o Acórdão nº 9101-01.760, dando provimento ao recurso especial da Fazenda Nacional, pelo voto de qualidade, para manter o limite de 30%. (Brasil, 2015c, grifo do original)

Com essa decisão, os contribuintes passaram a fazer a chamada *incorporação reversa* ou *incorporação às avessas*. Essa modalidade é a incorporação de uma empresa lucrativa por uma empresa deficitária – fato que a legislação não proíbe, mas obriga que as operações demonstrem propósito negocial e que ocorra, de fato, a incorporação pela empresa deficitária, e não apenas no papel. Nesse sentido ocorrem as decisões sobre o tema, como podemos ver a seguir:

> IRPJ – SIMULAÇÃO NA INCORPORAÇÃO – Para que se possa materializar, é indispensável que o ato praticado não pudesse ser realizado, fosse por vedação legal ou por qualquer outra razão. Se não existia impedimento para a realização da incorporação tal como realizada e o ato praticado não é de natureza diversa daquela que de fato aparenta, não há como qualificar-se a operação de simulada. [...] IRPJ-INCORPORAÇÃO ATÍPICA - **A incorporação de empresa superavitária por outra deficitária, embora atípica, não é vedada por lei,** representando negócio jurídico indireto. (Brasil, 2003b, p. 1, grifo nosso)

A decisão continua em outro documento:

> IRPJ – INCORPORAÇÃO ÀS AVESSAS – GLOSA DE PREJUÍZOS – IMPROCEDÊNCIA – A denominada "incorporação às avessas", não proibida pelo ordenamento jurídico, realizada entre empresas operativas e que sempre estiveram sob controle comum, **não pode ser tipificada como operação simulada ou abusiva,** mormente quando, a par da inegável intenção de não perda de prejuízos fiscais acumulados, teve por escopo a busca de melhor eficiência das operações entres ambas praticadas. (Brasil, 2006d, p. 1, grifo nosso)

Além desses, há outro parecer que trata sobre o mesmo tema:

> INCORPORAÇÃO. AUTUAÇÃO. ELISÃO E EVASÃO FISCAL. LIMITES. SIMULAÇÃO. EXIGIBILIDADE DO DÉBITO. [...] 6. Tanto em razão social como em estabelecimento, em funcionários e em conselho de administração, a situação final – **após a incorporação – manteve as condições e a organização anterior da incorporada, restando demonstrado claramente que, de fato, esta "absorveu" a deficitária, e não o contrário, tendo-se formalizado o inverso apenas a fim de serem aproveitados os prejuízos fiscais da empresa deficitária,** que não poderiam ter

sido considerados caso tivesse sido ela a incorporada, e não a incorporadora, restando evidenciada, portanto, a simulação. [...] 8. **Inviável economicamente a operação de incorporação procedida, tendo em vista que a aludida incorporadora existia apenas juridicamente, mas não mais economicamente**, tendo servido apenas de "fachada" para a operação, a fim de serem aproveitados seus prejuízos fiscais – cujo aproveitamento a lei expressamente vedava. 9. Uma vez reconhecida a simulação deve o juiz fazer prevalecer as consequências do ato simulado – no caso, a incorporação da superavitária pela deficitária, consequentemente incidindo o tributo na forma do regulamento – não havendo falar em inexigibilidade do crédito [...]. (Brasil, 2006e, p. 573-574, grifo nosso)

É possível perceber que as decisões citadas levam em conta o chamado *propósito negocial*, a condição de que a incorporação possa ser feita por uma empresa deficitária, desde que continue suas atividades e operações, mesmo após a absorção de outra empresa lucrativa, podendo manter, assim, atividades simultâneas das duas entidades.

Desse modo, em caso de extinção da empresa, por fusão, incorporação ou cisão total, o valor do prejuízo fiscal da companhia extinta não poderá ser transferido e será cancelado junto com o Cadastro Nacional de Pessoa Jurídica (CNPJ). Já para operações de cisão parcial, "a pessoa jurídica cindida poderá compensar os seus próprios prejuízos, proporcionalmente à parcela remanescente do patrimônio líquido" (Brasil, 2018).

Por exemplo, a empresa LLD tem um prejuízo fiscal de R$ 170 mil escriturado na parte B do Lalur. Em maio do ano X1, a entidade foi cindida parcialmente, tendo 60% do seu patrimônio dividido. Dessa forma, o mesmo percentual deverá ser diminuído do seu saldo de prejuízo, tendo como saldo passível de utilização o valor de R$ 68 mil, que corresponde ao montante remanescente do seu patrimônio.

4.6 Ágio por expectativa de rentabilidade futura

As regras internacionais de contabilidade trouxeram importantes alterações na contabilização das participações societárias avaliadas pelo valor do patrimônio líquido. No que se refere aos processos de reorganização societária, como a incorporação, por exemplo, a Lei n. 12.973, de 13 de maio de 2014 (Brasil, 2014b), altera o art. 20 do Decreto-Lei n. 1.598, de 26 de dezembro de 1977 (Brasil, 1977), que passa a ter o seguinte conteúdo:

> Art. 20. O contribuinte que avaliar investimento pelo valor de patrimônio líquido deverá, por ocasião da aquisição da participação, desdobrar o custo de aquisição em:
> I – valor de patrimônio líquido na época da aquisição, determinado de acordo com o disposto no artigo 21; e
> II – mais ou menos-valia, que corresponde à diferença entre o valor justo dos ativos líquidos da investida, na proporção da porcentagem da participação adquirida, e o valor de que trata o inciso I do caput; e
> III – ágio por rentabilidade futura (goodwill), que corresponde à diferença entre o custo de aquisição do investimento e o somatório dos valores de que tratam os incisos I e II do caput. (Brasil, 1977)

O ágio foi um instrumento bastante utilizado em operações de planejamento tributário, uma vez que o valor apurado a título de ágio em um processo de aquisição de empresa era totalmente dedutível no computado pelo Lucro Real.

Explicam Gelbcke et al. (2018) que, em uma aquisição de participação societária, se o preço da compra for diferente do valor patrimonial, poderão surgir quatro situações:

I. **Ágio por mais-valia de ativos líquidos** – É a **diferença positiva** entre a parcela do investidor no montante justo dos ativos líquidos e o valor patrimonial da cooperação contraída.

II. **Deságio por menos-valia** – É a **diferença negativa** entre a parte do investidor no valor justo dos ativos líquidos e o valor patrimonial da participação adquirida.

III. **Ágio por expectativa de rentabilidade futura (*goodwill*)** – É a **diferença positiva** entre o preço de aquisição pelo investidor e o valor justo dos ativos líquidos.

IV. **Ganho por compra vantajosa** – É a **diferença negativa** entre o preço de aquisição pelo investidor e o valor justo dos ativos líquidos.

De acordo com Andrade Filho (2016, p. 676), "a apuração do ágio, deságio, mais-valia e do ganho por compra vantajosa deve ser feita quando há aquisição de participação societária que deve ser avaliada de acordo com o método de equivalência patrimonial". Ainda, o método de equivalência patrimonial (MEP) pode ser definido da seguinte forma:

> é o método de contabilização por meio do qual o investimento é inicialmente reconhecido pelo custo e, a partir daí, ajustado para refletir a alteração pós-aquisição na participação do investidor sobre os ativos líquidos da investida. As receitas ou as despesas do investidor incluem sua participação nos lucros ou prejuízos da investida, e os outros resultados abrangentes do investidor incluem a sua participação em outros resultados abrangentes da investida. (CPC, citado por Gelbcke et al., 2018, p. 187)

Os valores apurados como ganhos ou perdas por equivalência patrimonial não interferem na apuração do IR. Assim, caso o investidor apure um lucro de equivalência, terá seu valor excluído na apuração do IRPJ e CSLL, e, se houver prejuízo, o montante da despesa será adicionado no Lalur.

A equivalência patrimonial é o resultado apurado após o investimento, realizado anualmente com base no patrimônio líquido da investida, a fim de ajustar o saldo do investimento.

No que se refere ao ágio e ao deságio, a Lei n. 12.973/2014 estabelece que

Art. 22. A pessoa jurídica que absorver patrimônio de outra, em virtude de incorporação, fusão ou cisão, na qual detinha participação societária adquirida com ágio por rentabilidade futura (goodwill) decorrente da aquisição de participação societária entre partes não dependentes, apurado segundo o disposto no inciso III do caput do art. 20 do Decreto-Lei nº 1.598, de 26 de dezembro de 1977, poderá excluir para fins de apuração do lucro real dos períodos de apuração subsequentes o saldo do referido ágio existente na contabilidade na data da aquisição da participação societária, à razão de 1/60 (um sessenta avos), no máximo, para cada mês do período de apuração. (Brasil, 2014b)

Note que o ágio por rentabilidade futura apurado em uma reorganização societária pode ainda ser utilizado para deduzir o valor do lucro, excluindo parte desse ágio em 60 vezes. Essa dedução deve ocorrer diretamente no escriturado fiscal do Lalur, devendo o saldo ser controlado na parte B do referido livro, uma vez que contabilmente o valor não será amortizado, sendo necessário o *impairment test*, conforme o CPC 01 (R1) (CPC, 2010).

Outro ponto importante do texto citado é a aquisição de participação de partes não dependentes. Mas o que são *partes não dependentes*? Antes da edição da Lei n. 12.973/2014, a reorganização societária que gerasse ágio era bastante utilizada para fins de planejamento tributário, uma vez que deduz a base de cálculo do IR. Dessa forma, era comum empresas do mesmo grupo econômico realizarem incorporação com o ágio e assim ter esse benefício fiscal: era o chamado *ágio interno*. Atualmente, a própria lei proíbe tal operação para dedução da base do IRPJ.

Além disso, por um lado, a norma determina que a incorporação deve conter um laudo realizado por perito independente, contendo o efetivo valor do *goodwill*, assim como as técnicas de avaliação do investimento. Esse laudo deve ser protocolado na Receita Federal até o 13º mês subsequente ao da aquisição da participação societária.

Por outro, uma aquisição de participação societária poderá gerar uma compra vantajosa (deságio), isto é, quando o valor da aquisição for inferior ao patrimônio líquido da investida, mensurados por valor justo. Quando isso ocorrer, o ganho da operação deverá compor o lucro real a partir da data do evento, à razão de um sessenta avos.

O Quadro 4.1 resume a aquisição de participação societária.

Quadro 4.1 – Resumo das operações de aquisição de investimento

Contas	Investimento	Ágio ou deságio (mais-valia ou menos-valia)	*Goodwill* ou Ganho Compra Vantajosa
Avaliação na aquisição	Valor contábil dos **ativos líquidos (PL)** da empresa adquirida;	Diferença entre Valor Justo e Valor Contábil dos **ativos líquidos (PL)** da empresa adquirida;	Valor pg. a **maior** ou a **menor** que o Valor Justo dos **ativos líquidos** (PL);
Avaliação mensal	Avaliação mensal pelo PL da investida, gerando receita (não tributável) ou despesa (não dedutível) de MEP;	Amortização conforme realização dos ativos e passivos (despesa não dedutível e/ou receita não tributável);	Sem amortização, apenas com análise de *impairment* para possível constituição de provisão;
Dedução ou tributação	Apenas na **venda**, com apuração de ganho ou perda de capital. Na **sucessão**, o investimento é eliminado contra o PL da investida;	**Venda** ou **sucessão**. Na **venda**, imediatamente. Na **sucessão**, os ativos ou passivos já amortizados são dedutíveis/tributados e os saldos são incluídos nos ativos e passivos originais sendo incluídos nas bases de IR e CSLL pela realização;	Na **venda**, imediatamente. Na **sucessão**, são dedutíveis/tributados em cinco anos (sendo 1/60 por mês).

Fonte: Pêgas, 2017, p. 556, grifo do original.

Vejamos o exemplo de uma compra de participação societária com mais-valia e *goodwill*.

Exemplo 4.1

A empresa UNT adquire 60% das ações da Companhia ABC, que apesenta um patrimônio líquido (PL) de R$ 300,00, por R$ 250,00. Os ativos e passivos da Companhia ABC apresentam os valores da Tabela A.

Tabela A – Investimentos da Companhia ABC (em R$)

Companhia ABC	Valor contábil	Valor justo	Mais-valia
ATIVOS	400	490	90
PASSIVOS	100	150	50
PATRIMÔNIO LÍQUIDO	300	340	40

A empresa UNT deverá registrar o montante do investimento de R$ 250,00 em seu ativo. Os valores devem ser escriturados em subcontas, da seguinte forma:

- Participação na Companhia ABC: R$ 180,00 (60% do PL de R$ 300,00);
- Mais-valia dos ativos líquidos: R$ 24,00 (60% da mais-valia líquida de R$ 40,00);
- Ágio por expectativa de rentabilidade futura: R$ 46,00 (*goodwill* = R$ 250,00 – R$ 204,00[1]).

O valor do ágio por rentabilidade futura apurado pela empresa UNT poderá ser excluído no cálculo do Lucro Real, em 60 meses, caso a Companhia ABC seja totalmente sucedida mediante incorporação, fusão ou cisão (Pêgas, 2017).

Exemplo 4.2

Vejamos agora um exemplo, considerando o mesmo PL da Companhia ABC, de R$ 300,00, mas a aquisição pela UNT por R$ 150,00, gerando, assim, uma compra vantajosa, porém com mais-valia.

1. O valor de R$ 204,00 equivale à soma do investimento de R$ 180,00 e a mais-valia de R$ 24,00.

Tabela B – Investimentos da Companhia ABC (em R$)

Companhia ABC	Valor contábil	Valor justo	Mais-valia
ATIVOS	400	490	90
PASSIVOS	100	150	50
PATRIMÔNIO LÍQUIDO	300	340	40

A empresa UNT deverá registrar o montante do investimento, de R$ 150,00 em seu ativo. Os valores devem ser escriturados em subcontas, ficando da seguinte forma:

- Participação na Companhia ABC: R$ 180,00 (60% do PL de R$ 300,00);
- Mais-valia dos ativos líquidos: R$ 24,00 (60% da mais-valia líquida de R$ 40,00);
- (–) Ganho por compra vantajosa: R$ 54,00 (receita: R$ 204,00 - R$ 150,00).

O ganho proveniente da compra vantajosa deverá compor o resultado da adquirente da seguinte forma:

- como exclusão, no momento do ganho, devendo ser controlado na parte B do Lalur e do Lacs, para tributação futura.
- como adição ao lucro real, quando houver alienação ou baixa do investimento.

Síntese

Neste capítulo, trouxemos os conceitos relacionados ao planejamento societário, procedimento bastante comum e que pode ser utilizado para fins também de planejamento tributário, desde que possua o propósito negocial, conhecido no primeiro capítulo deste livro.

Analisamos a diferença entre fusão, cisão e incorporação e vimos que, na primeira, a empresa original sempre será extinta para criação de duas ou mais empresas. Na cisão, pode ou não ser cancelada a empresa de origem e ainda a parte cindida pode ser transferida para a entidade já existente. Já na incorporação, a empresa incorporadora absorve o patrimônio da incorporada, podendo ser parcial ou total a assimilação.

Além disso, examinamos as decisões quanto à antiga discussão de compensação de prejuízos fiscais na reorganização societária e os diferentes resultados apurados em uma operação de aquisição de participação societária, assim como as possibilidades de exclusão e de adição do ágio e do deságio na apuração do Lucro Real.

Exercício resolvido

A Companhia PGL adquiriu 90% das ações da Companhia MSC por R$ 22.500,00. O valor do PL da MSC era de R$ 20.000,00. A PGL realizou a avaliação dos ativos e passivos da MSC a valor justo e chegou aos seguintes resultados (em R$):

Companhia MSC	Valor contábil	Valor justo	Mais-valia
ATIVOS	30.000,00	36.000,00	6.000,00
PASSIVOS	10.000,00	12.000,00	2.000,00
PATRIMÔNIO LÍQUIDO	20.000,00	24.000,00	4.000,00

Com base nas normas vigentes e nos dados apresentados, o valor do ágio por expectativa de rentabilidade futura (*goodwill*) é de:
a) R$ 3.600,00.
b) R$ 18.000,00.
c) R$ 900,00.
d) R$ 4.000,00.
e) R$ 10.000,00.

Resolução
- Participação na Companhia MSC: R$ 18.000,00 (90% do PL de R$ 20.000,00);
- Mais-valia dos Ativos Líquidos: R$ 3.600,00 (90% da mais-valia líquida de R$ 4.000,00);

- Ágio por expectativa de rentabilidade futura: R$ 900,00 (*goodwill* = R$ 22.500,00 – R$ 21.600,00).

Resposta correta: alternativa c.

Questões para revisão

1. (Consulplan – 2018 – CFC) A reorganização societária é uma realidade presente no mundo empresarial por diversos motivos, dentre os quais podem ser citados: a otimização de recursos, a redução legal de carga tributária e a busca de sinergias. A operação pela qual uma ou mais sociedades são absorvidas por outra, que lhes sucede em todos os direitos e obrigações, é denominada:
   a) Cisão.
   b) Fusão.
   c) Reconvenção.
   d) Incorporação.
   e) Aquisição.

2. (CFC – 2011 – Bacharel em Ciência Contábeis) De acordo com as formas de reorganização societária e suas características, relacione a primeira coluna à segunda, em seguida, assinale a opção CORRETA.

1. Incorporação	( ) Operação pela qual uma ou mais sociedades são absorvidas por outra, que lhes sucede em todos os direitos e obrigações.
2. Fusão	( ) Operação pela qual a companhia transfere parcelas do seu patrimônio para uma ou mais sociedades, constituídas para esse fim ou já existentes.
3. Cisão	( ) Operação pela qual se unem duas ou mais sociedades para formar sociedade nova, que lhes sucederá em todos os direitos e obrigações.

A sequência correta é:
   a) 2, 3, 1.
   b) 1, 3, 2.
   c) 2, 1, 3.

d) 1, 2, 3.
e) 3, 2, 1.

3. Em junho de 2018 a Companhia UNI, tributada pelo Lucro Real, apresentou prejuízo fiscal na parte B do Lalur, no valor de R$ 100.000,00. Nessa data, a companhia foi cindida parcialmente, tendo metade do seu PL transferido para a Companhia ZUM. A nova entidade será tributada também pelo Lucro Real. Sabe-se que, ao final do exercício de 2018, a Companhia UNI apresentou um lucro ajustado no Lalur no valor de R$ 250.000,00.

    Com base nessas informações, qual é o valor da compensação de prejuízos fiscais permitidos à Companhia UNI no período?
    a) R$ 50.000,00.
    b) R$ 75.000,00.
    c) R$ 100.000,00.
    d) R$ 30.000,00.
    e) R$ 0,00.

4. (Pêgas, 2017, p. 562) Em relação ao aproveitamento de prejuízos fiscais em reorganizações societárias, analise as assertivas a seguir.

    I. Em uma operação de fusão, os prejuízos fiscais (e bases negativas de CSLL) das empresas fusionadas são perdidos e não podem ser aproveitados pela empresa resultante da fusão.

    II. Em uma operação referente à cisão parcial, o prejuízo fiscal da empresa cindida parcialmente pode ser absorvido pela empresa que a suceder na proporção do patrimônio líquido que for cindido.

    É possível afirmar que:
    a) As duas assertivas estão corretas.
    b) As duas assertivas estão erradas.

c) Apenas a assertiva (I) está correta.
d) Apenas a assertiva (II) está correta.

5. Em uma incorporação, o valor escriturado em subconta pela adquirente como ágio por expectativa de rentabilidade futura (*goodwill*) poderá ser considerado uma despesa dedutível na apuração do imposto e da contribuição social pelo Lucro Real:
   a) no momento da aquisição da participação;
   b) na medida da realização dos ativos que originaram o referido ágio.
   c) no prazo máximo de 60 meses, sendo no mínimo um sessenta avos por mês.
   d) no prazo mínimo de 60 meses, sendo no máximo um sessenta avos por mês.
   e) no prazo de 30 meses a partir da data do encerramento do balanço.

Questão para reflexão

1. Entre os anos de 2004 e 2005, a empresa Gerdau realizou uma reorganização societária que gerou um ágio. Em 2017, a companhia foi autuada em R$ 37 milhões por ter utilizado esse recurso, considerado ágio interno pelo Fisco. A amortização do ágio foi feita entre o período de 2007 e 2010, depois do aporte de capital e de uma sequência de reorganizações societárias. De acordo com reportagem do Valor Econômico:

   > Para a empresa, foram operações regulares, que geraram ágio em razão de cisão da Gerdau Açominas. O ágio consiste em um valor pago, em geral, pela rentabilidade futura de uma empresa adquirida ou incorporada. Pode ser registrado como despesa no balanço e amortizado, para reduzir o valor do Imposto de Renda e CSLL a pagar. (Olivon, 2018)

O entendimento da Receita Federal foi de que a operação de reorganização societária ocorreu com o único propósito de reduzir tributos. Em meados de 2018, a Gerdau conseguiu reverter a sentença desfavorável. Na última decisão, o entendimento foi de que o empresário tem liberdade na organização do seu negócio, inclusive sobre a utilização de lacunas visando à economia tributária.

Diante dessa decisão e com base nos conhecimentos que você adquiriu no primeiro capítulo dessa obra, você entende ser válido o planejamento tributário realizado com o único propósito de reduzir tributos, desconsiderando assim o termo de propósito negocial?

Planejamento tributário voltado à remuneração dos sócios

5

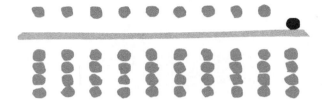

Conteúdos do capítulo:

- Rendimentos de pró-labore.
- Lucros e dividendos.
- Juros sobre Capital Próprio (JCP).

Após o estudo deste capítulo, você será capaz de:

1. identificar as formas de remuneração dos sócios, começando pelo pagamento mais comum, o pró-labore;
2. reconhecer a forma de distribuição dos lucros aos sócios;
3. compreender o funcionamento do Juros sobre o Capital Próprio (JCP).

Quando falamos de *planejamento tributário*, dificilmente pensamos em realizá-lo envolvendo remuneração, uma vez que ela já é certa de encargos e que não há programação de redução dela. Entretanto, podemos fazer planejamento tributário para a remuneração dos sócios, uma vez que a legislação prevê diversas formas de gratificá-los, como o pró-labore, os dividendos e a remuneração sobre o capital.

Os dividendos correspondem ao resultado líquido da sociedade ou da empresa individual, na qual a pessoa física participa como sócio ou acionista. Dessa forma, ela tem o direito de receber como vencimento a parcela líquida da sociedade.

De acordo com o art. 10 da Lei n. 9.249, de 26 de dezembro de 1995 (Brasil, 1995b), os lucros ou dividendos calculados com base nos resultados, desde janeiro de 1996, são isentos do Imposto de Renda de Pessoa Física (IRPF), domiciliada no país ou no exterior.

É importante observar que a isenção do Imposto de Renda (IR) ocorre pelo valor total do lucro auferido pela pessoa jurídica, seja qual for o regime de tributação. No entanto, muitas vezes, os sócios retiram dividendos da sociedade, sem que o exercício financeiro esteja encerrado, tratando o valor como antecipação de dividendos; assim essa remuneração deve ser ajustada no encerramento do balanço.

Dessa forma, se houver pagamento de dividendos superior ao valor apurado com base na escrituração, sem lucros acumulados que suportem tal distribuição, o valor creditado aos sócios ficará sujeito à incidência do imposto sobre a renda.

5.1 Rendimentos pelo trabalho: pró-labore

O pró-labore é a remuneração paga a pessoa física pelo serviço que presta à empresa da qual participa como sócio ou titular.

Muito se questiona quanto à obrigatoriedade desse pagamento aos sócios e aos empresários individuais pela prestação de serviços às entidades das quais são membros.

Vamos analisar essa questão observando a previsão na legislação previdenciária – Lei n. 8.212, de 24 de julho de 1991 –, conforme segue:

> Art. 12. São segurados obrigatórios da Previdência Social as seguintes pessoas físicas:
> [...]
> V – como contribuinte individual:
> [...]
> f) o titular de firma individual urbana ou rural, o diretor não empregado e o membro de conselho de administração de sociedade anônima, o sócio solidário, o sócio de indústria, o sócio gerente e o sócio cotista **que recebam remuneração decorrente de seu trabalho** em empresa urbana ou rural, e o associado eleito para cargo de direção em cooperativa, associação ou entidade de qualquer natureza ou finalidade, bem como o síndico ou administrador eleito para exercer atividade de direção condominial, desde que recebam remuneração. (Brasil, 1991b, grifo nosso)

Com base nesse trecho da lei, podemos observar que o sócio e o empresário individual são contribuintes individuais, assim, são ainda segurados obrigatórios do Instituto Nacional do Seguro Social (INSS).

Dessa forma, é possível entender que o pagamento de pró-labore é remuneração obrigatória, desde que o sócio realize atividade na empresa. É o que disciplina a Solução de Consulta Cosit n. 120, de 17 de agosto de 2016:

> ASSUNTO: CONTRIBUIÇÕES SOCIAIS PREVIDENCIÁRIAS SÓCIO. PRÓ-LABORE. INCIDÊNCIA DE CONTRIBUIÇÃO. O sócio da sociedade civil de prestação de serviços profissionais que presta serviços à sociedade da qual é sócio é segurado obrigatório na categoria de contribuinte individual, conforme a alínea "f", inciso V, art. 12 da Lei nº 8.212, de 1991, sendo obrigatória a discriminação entre a parcela da distribuição de lucro e aquela paga pelo trabalho. O fato gerador da contribuição previdenciária ocorre no mês em que for paga ou creditada a remuneração do contribuinte individual. Pelo menos parte dos valores pagos pela sociedade ao sócio que presta serviço à sociedade terá necessariamente natureza jurídica de retribuição pelo trabalho, sujeita à incidência de contribuição previdenciária, prevista no art. 21 e no inciso III do art. 22, na forma do §4º do art. 30, todos da Lei nº 8.212, de 1991, e art. 4º da Lei nº 10.666, de 8 de maio de 2003. Dispositivos Legais: Lei 8.212, de 1991, art.12, inciso V, alínea "f", art. 21, art. 22, inciso III, art.30 §4º; Lei nº 10.666, de 2003; art.4º. RPS, aprovado pelo Decreto 3.048, de 1999, art.201, §5º; IN RFB nº 971, de 2009, art.52, inciso I, alínea "b", inciso III, alínea "b" e art.57, incisos I e II e §6º. (Brasil, 2016d)

Mesmo que a norma mencione o pagamento obrigatório ao sócio de sociedade civil, esse entendimento deve ser considerado para todos os tipos de sociedade cujos sócios percebam remuneração em contrapartida ao serviço prestado à pessoa jurídica.

Sobre o valor pago a título de pró-labore, há a incidência de INSS patronal de 20% sobre o total da remuneração do sócio ou do titular de empresa individual.

Já a pessoa física beneficiária do rendimento arca com sua contribuição individual, que corresponde a 11% da remuneração total recebida, limitada ao teto da Previdência Social. Além disso, há também a incidência de IR com base na tabela progressiva vigente no período da percepção do rendimento. Vejamos na Tabela 5.1 como ficam os encargos calculados sobre a remuneração pelo trabalho do sócio.

Tabela 5.1 – Exemplo de remuneração e seus encargos

Remuneração	R$ 3.500,00
INSS 11%	R$ 385,00
IRRF 15%	R$ 112,45
Valor líquido	R$ 3.002,55

Para chegar ao valor do IR, utilizamos a tabela progressiva, conforme a seguir.

Tabela 5.2 – Tabela progressiva do imposto sobre renda

Base de cálculo (R$)	Alíquota (%)	Parcela a deduzir do IRPF (R$)
Até 1.903,98	–	–
De 1.903,99 até 2.826,65	7,5	142,80
De 2.826,66 até 3.751,05	15	354,80
De 3.751,06 até 4.664,68	22,5	636,13
Acima de 4.664,68	27,5	869,36

Fonte: Brasil, 2015a.

O cálculo é feito de acordo com a Tabela 5.3.

Tabela 5.3 – Exemplo de cálculo do Imposto de Renda Retido na Fonte (IRRF) (em R$)

Remuneração	3.500,00
(–) INSS	(385,00)
Base tributável	3.115,00
x% conforme tabela progressiva	15%
Base de cálculo	467,25
(–) Parcela a deduzir (tabela progressiva)	(354,80)
Valor do IRRF	112,45

Sabemos que impostos são compulsórios e, quando tratamos do Imposto de Renda Retido na Fonte (IRRF), o contribuinte não tem chance de não pagá-lo, uma vez que esse valor é descontado da sua remuneração e repassado aos cofres públicos pela fonte pagadora.

Como, então, reduzir os encargos tributários sobre valores pagos aos sócios? Diversificar a forma de remunerá-los é uma opção bastante conhecida entre empresários, os quais poderão receber, além de pró-labore, dividendos e juros sobre o capital investido. Essas duas formas de remuneração serão tratadas a seguir.

5.2 Lucros ou dividendos

Os lucros correspondem ao valor líquido apresentado na demonstração de resultado da empresa. Os dividendos dizem respeito à parcela do lucro que será distribuída aos sócios ou aos acionistas. Esse montante, ao ser distribuído, é isento de IR, para sócio tanto pessoa física quanto jurídica, domiciliado no Brasil ou no exterior, como podemos observar na legislação vigente – Instrução Normativa RFB n. 1.700, de 14 de março de 2017:

Art. 238. Não estão sujeitos ao imposto sobre a renda os lucros e dividendos pagos ou creditados a sócios, acionistas ou titular de empresa individual.

§ 1º O disposto neste artigo abrange inclusive os lucros e dividendos atribuídos a sócios ou acionistas residentes ou domiciliados no exterior. (Brasil, 2017b)

É importante ressaltar que o lucro distribuído é aquele apurado na Demonstração de Resultado do Exercício, isto é, ao final do exercício. Os sócios podem fazer retiradas do lucro, atentando-se ao valor que deve ser transferido para a conta de reserva legal, conforme previsto pela Lei das Sociedades Anônimas – Lei n. 6.404, de 15 de dezembro de 1976: "Art. 193. Do lucro líquido do exercício, 5% (cinco por cento) serão aplicados, antes de qualquer outra destinação, na constituição da reserva legal, que não excederá de 20% (vinte por cento) do capital social" (Brasil, 1976b).

Entretanto, é bastante comum vermos o pagamento de lucros de forma antecipada, isto é, antes do encerramento do exercício e da apuração de fato do lucro da empresa. Nesses casos, é importante ficar atento ao valor antecipado e ao lucro apurado no encerramento do exercício, pois, se o total pago no ano ultrapassar o valor do lucro apurado no período, a parcela excedente deverá ser tributada pelo sócio ou pelo titular como pró-labore, tendo todos os encargos devidos sobre essa remuneração.

Outro aspecto comum está relacionado às pessoas jurídicas tributadas pelo Lucro Presumido, pelo Lucro Arbitrado e pelo Simples Nacional que não tenham escrituração contábil e, dessa forma, não consigam evidenciar o lucro líquido do exercício passível de isenção.

Para esses casos, há isenção do IR se o montante pago ao sócio ou ao titular como dividendo não ultrapassar o limite do valor resultante da aplicação dos percentuais de presunção (constantes na Tabela 2.1 deste livro) sobre a receita bruta, subtraído do valor pago na guia do Simples ou do Imposto de Renda Pessoa Jurídica (IRPJ), da Contribuição Social sobre o Lucro Líquido (CSLL), do Programa de Integração Social (PIS) e da Contribuição para o Financiamento da Seguridade Social (Cofins) se for Lucro Presumido ou Luco Arbitrado.

Vejamos o exemplo para uma empresa do Lucro Presumido na Tabela 5.4.

Tabela 5.4 – Lucro isento com base na presunção (em R$)

Competência	1º Trimestre	2º Trimestre	3º Trimestre	4º Trimestre
Receita bruta	1.654.258,00	1.922.258,00	1.933.598,00	1.930.018,00
Presunção (8%)	132.340,64	153.780,64	154.687,84	154.401,44
Valor do IRPJ	27.365,46	25.096,06	23.257,09	29.956,26
Valor da CSLL	16.239,85	15.531,87	15.258,83	17.697,38
Valor do PIS	10.752,68	12.494,68	12.568,39	12.545,12
Valor da Cofins	49.627,74	57.667,74	58.007,94	57.900,54
Resultado líquido	28.354,91	42.990,29	45.595,59	36.602,15

O resultado líquido nesse exemplo é o limite de isenção para a distribuição de dividendos, quando a pessoa jurídica não apresentar escrituração contábil conforme a legislação comercial exige.

Há ainda impedimento para distribuição de dividendos, previsto na Lei n. 4.357, de 16 de julho de 1964, em seu art. 32, caso a empresa possua débitos não garantidos com a União e suas autarquias de Previdência e de Assistência Social (Brasil, 1964a).

5.3 Juros sobre o Capital Próprio (JCP)

Os Juros sobre o Capital Próprio (JCP) são uma terceira possibilidade de remuneração do sócio ou do titular de empresa individual, prevista na Lei n. 9.249/1995. Para Santos (2015, p. 385),

> os JCP consistem em uma parcela do retorno sobre o capital investido e representam distribuições de recursos para os proprietários da entidade, possuindo, assim, essência econômica

aos lucros ou dividendos distribuídos, porém, trata-se de uma forma específica de distribuição, pois são dedutíveis para fins do IRPJ e CSLL.

Por esse motivo, os JCP são vistos também como uma forma de planejamento tributário da pessoa jurídica tributada pelo Lucro Real. E de fato é, uma vez que a despesa com o crédito dos juros sobre o capital pode ser dedutível na apuração do Lucro Real, observando os critérios previstos na legislação. No entanto, qualquer regime tributário pode realizar o pagamento dessa remuneração aos seus sócios, sejam pessoas físicas, sejam pessoas jurídicas.

Vamos então conhecer como, afinal, tal forma de remuneração é realizada e quais cuidados os beneficiários devem ter para seu recebimento.

Inicialmente, vejamos o que a Lei n. 9.249/1995, alterada pela Lei n. 12.973, de 13 de maio de 2014, prevê:

> Art. 9º A pessoa jurídica poderá deduzir, para efeitos da apuração do lucro real, os juros pagos ou creditados individualizadamente a titular, sócios ou acionistas, a título de remuneração do capital próprio, calculados sobre as contas do patrimônio líquido e limitados à variação, pro rata dia, da Taxa de Juros de Longo Prazo – TJLP.
> §1º O efetivo pagamento ou crédito dos juros fica condicionado à existência de lucros, computados antes da dedução dos juros, ou de lucros acumulados e reservas de lucros, em montante igual ou superior ao valor de duas vezes os juros a serem pagos ou creditados. (Brasil, 2014b)

A Instrução Normativa RFB n. 1.700, de 14 de março de 2017 (Brasil, 2017b), estabelece os limites para fins de dedutibilidade dos juros sobre o capital. Como previsto no trecho citado, a dedução limita-se ao pagamento dos JCP com base na Taxa de Juros de Longo Prazo (TJLP), devendo ainda ser observados outros dois limitadores: "I – 50% (cinquenta por cento) do lucro líquido do exercício antes da dedução dos juros, caso estes sejam contabilizados como despesa; ou II – 50% (cinquenta por cento) do somatório dos lucros acumulados e reservas de lucros" (Brasil, 2017b).

Entre esses dois limites, observamos o maior. Se o valor de JCP estiver menor do que um deles, poderá ser totalmente dedutível na apuração do IRPJ e da CSLL.

É importante, ainda, observar que o limite do lucro líquido do exercício é calculado após a dedução da CSLL e antes da dedução do IRPJ. Além disso, o abatimento somente poderá ocorrer no ano a que se refere o cálculo, independentemente da distribuição aos sócios.

Base de cálculo

A base de cálculo utilizada para calcular o valor a ser pago a título de juros sobre o capital se dá sobre as contas do patrimônio líquido (PL), especificamente os seguintes:
- capital social;
- reservas de capital;
- reservas de lucros;
- ações em tesouraria;
- prejuízos acumulados.

Outras contas do PL, como Ajustes de Avaliação Patrimonial, por exemplo, não fazem parte da base de cálculo dos JCP.

Para saber mais

BRASIL. Lei n. 6.404, de 15 de dezembro de 1976. **Diário Oficial da União**, Poder Legislativo, Brasília, DF, 17 dez. 1976. Disponível em: <http://www.planalto.gov.br/ccivil_03/leis/l6404consol.htm>. Acesso em: 16 abr. 2020.

As reservas de lucros são formadas por reserva legal, reserva estatutária, reserva para contingência, reserva de incentivos fiscais, retenção de lucros e reserva de lucros a realizar.

Para conhecer detalhadamente as reservas de lucros e as reserva de capital, consulte os arts. 193 a 200 da Lei n. 6.404/1976.

5.3.1 Retenção do Imposto de Renda

Os valores correspondentes aos JCP, pagos ou creditados aos sócios, sofrerão incidência de IR na fonte, à alíquota de 15%. Esse montante retido poderá ser compensado com imposto devido, quando o beneficiário (sócio) for pessoa jurídica. No entanto, quando o beneficiário se tratar de pessoa física, o valor retido será definitivo, isto é, não irá compor os rendimentos sujeitos ao ajuste anual (não será restituível).

Vale destacar que a pessoa jurídica, quando é beneficiária do JCP, deverá considerá-lo como receita tributável. Dessa forma, é importante analisar se o pagamento dos juros terá mesmo algum benefício fiscal, principalmente quando se tratar de grupo empresarial.

Vamos entender melhor os JCP por meio dos exemplos a seguir.

Exemplo 5.1

Suponha que a empresa Ares seja tributada pelo Lucro Real anual e que seus sócios sejam duas pessoas físicas e uma pessoa jurídica – a empresa Atena Ltda., tributada pelo Lucro Presumido.

A participação se dá da seguinte forma:
- Sócio pessoa física: João da Silva, possui 35% do capital.
- Sócia pessoa física: Maria da Silva, possui 35% do capital.
- Sócia pessoa jurídica: Atena Ltda., possui 30% do capital.

No final do exercício, a empresa Ares resolveu calcular os JCP a fim de identificar uma oportunidade de redução do IRPJ e da CSLL do período. As informações da empresa são:

- Capital social de R$ 200.000,00;
- Reserva de lucros de R$ 2.560.410,00;
- Lucro antes do IRPJ e da CSLL de R$ 600.000,00;
- TJLP do período de 6,98%.

Deve-se ressaltar que todas as despesas apuradas na demonstração do resultado do exercício (DRE) são dedutíveis para o IRPJ e para a CSLL.

Dessa forma, temos o que é apresentado na Tabela A.

Tabela A – Cálculo dos JCP (em R$)

Capital Social	(385,00)
Reserva de capital	3.115,00
Reserva de lucros	15%
Ações em tesouraria	467,25
Prejuízos acumulados	(354,80)
Total PL	2.760.410,62
TJPL do período	6,98%
Valor dos JCP	192.676,62

Primeiramente, vamos analisar o resultado apurado pela empresa Ares, para então identificar se tal pagamento traz vantagem tributária para ela, ou seja, se o valor dos JCP é dedutível na apuração do Lucro Real do período.

Para tanto, vamos analisar os limites de dedutibilidade na Tabela B.

Tabela B – Limites para dedutibilidade dos JCP na apuração do IRPJ e da CSLL (em R$)

Lucro líquido do período (valor do lucro com a dedução da CSLL de 54.000)	546.000,00
50% do lucro do período	273.000,00
Lucros acumulados + reservas de lucros	2.560.410,00
50% dos lucros acumulados + reservas de lucros	1.280.250,000

Considerando-se os saldos apresentados, o valor pago a título de JCP pode ser excluído da base do IRPJ e da CSLL, uma vez que está dentro dos limites.

Assim, na Tabela C podemos ver a vantagem tributária para a empresa Ares, comparando sua apuração do IR com e sem o pagamento dos JCP.

Tabela C – Comparativo de tributos com e sem JCP (em R$)

	Sem JCP	Com JCP
Lair[1]	600.000,00	600.000,00
Adições	–	–
Exclusões	–	(192.676,62)
Lucro ajustado	600.000,00	407.323,38
IRPJ 15%	90.000,00	61.098,51
Adicional 10%	36.000,00	16.732,34
Total IRPJ	126.000,00	77.830,85
Valor dos JCP	54.000,00	36.659,10

Observe que os valores dos tributos sobre o lucro estão reduzidos, pois excluímos os valores de JCP na base de cálculo. Obviamente, outros critérios devem ser analisados em uma operação com juros sobre o capital, como o lucro líquido do período a ser distribuído aos sócios, entre outros.

Você deve querer saber por que consideramos os JCP uma exclusão no Livro de Apuração do Lucro Real (Lalur), e não uma despesa contábil para compor o Lair. Vejamos o que diz o art. 75 da Instrução Normativa RFB n. 1.700/2017: "§ 6º O montante dos juros sobre o capital próprio passível de dedução nos termos deste artigo poderá ser excluído na Parte A do e-Lalur e do e-Lacs, desde que não registrado como despesa" (Brasil, 2017b).

A própria norma aduz que o valor poderá ser excluído, desde que não esteja escriturado como uma despesa financeira. No entanto, de que forma poderíamos considerar os JCP contabilmente, se não como uma despesa financeira?

1 Lucro Antes do Imposto de Renda (Lair)

Os JCP devem ser escriturados no PL, como débito em conta de lucros acumulados, uma vez que se referem à distribuição do resultado da entidade, não tendo característica de despesa financeira.

A Fundação Instituto de Pesquisas Contábeis, Atuariais e Financeiras (Fipecafi, citada por Gelbcke et al., 2018) defende que não há entidade que possa acompanhar o método contábil de registro do valor reunido pelos JCP como custo, em razão da reformulação das normas contábeis brasileiras, iniciada em 2008, uma vez que essa documentação tem origem fiscal. Essas contribuições são fruto de distribuições de resultado e, dessa forma, não devem ser registradas de maneira jurídica como juros, porque – pelo contrário – configuram distribuição do lucro. Assim, a *Interpretação Técnica ICPC 08: contabilização da proposta de pagamento de dividendos* (CPC, 2012b), aprovada pela Deliberação CVM n. 684, de 30 de agosto de 2012, (Brasil, 2012a), estabelece que:

> Juros sobre o capital próprio (JCP)
> 10. Os juros sobre o capital próprio – JCP são instituto criado pela legislação tributária, incorporado ao ordenamento societário brasileiro por força da Lei 9.249/95. É prática usual das sociedades distribuírem-nos aos seus acionistas e imputarem-nos ao dividendo obrigatório, nos termos da legislação vigente.
> 11. Assim, o tratamento contábil dado aos JCP deve, por analogia, seguir o tratamento dado ao dividendo obrigatório. O valor de tributo retido na fonte que a companhia, por obrigação da legislação tributária, deva reter e recolher não pode ser considerado quando se imputam os JCP ao dividendo obrigatório. (Brasil, 2012a)

Assim, a contabilização poderá ser feita da seguinte forma:
D – Lucros acumulados (ou reserva de lucros);
C – JCP a pagar;
C – IRRF a recolher.

Note que o valor dos JCP está sendo debitado da conta de lucros acumulados.

Continuando nossos cálculos na empresa Ares, que é a fonte pagadora dos JCP, vemos, na Tabela 5.5, como ficam os valores que cada sócio recebeu, considerando a proporcionalidade de sua participação societária e o valor do IR retido, à alíquota de 15%.

Tabela 5.5 – Proporção da distribuição dos JCP aos sócios (em R$)

Sócio	Participação	Valor dos JCP proporcional	IRRF	JCP líquidos a pagar
Sócio Atena	30%	57.802,99	8.670,45	49.132,54
Sócio João	35%	67.436,82	10.115,52	57.321,29
Sócio Maria	35%	67.436,82	10.115,52	57.321,29
Totais	100%	192.676,62	28.901,49	163.775,13

Assim, a contabilização final na empresa Ares será:
D – Lucros acumulados (ou reserva de lucros): R$ 192.676,92;
C – JCP a pagar: R$ 163.775,13;
C – IRRF a recolher: R$ 28.901,49.

Tratamento dos JCP nos sócios pessoas físicas (João e Maria)

As pessoas físicas que receberem JCP deverão informar o valor líquido recebido na declaração de ajuste anual, na ficha de rendimentos sujeitos à tributação exclusiva. O IRRF é definitivo e não será base para o ajuste, isto é, não é restituível na declaração.

Tratamento dos JCP no sócio pessoa jurídica (empresa Atena Ltda.)

A empresa Atena Ltda. é tributada pelo Lucro Presumido. Dessa forma, os JCP recebidos serão adicionados à base de cálculo dos tributos sobre o lucro, e o IR retido poderá ser compensado, conforme podemos notar no exemplo a seguir.

Exemplo 5.2

Os dados da empresa Atena Ltda., no quarto trimestre (data do recebimento), são:
- Receita bruta no valor de R$ 300.000,00;
- Atividade: prestação de serviços administrativos (base da presunção 32%).

Tabela D – Cálculo do rendimento (receita) dos JCP da beneficiária pessoa jurídica (em R$)

Receita bruta	300.000,00
Presunção IRPJ – 32%	96.000,00
Adicionais à presunção	57.802,99
JCP	57.802,99
Base de cálculo IRPJ	153.802,99
IRPJ – 15%	23.070,45
Adicional – 10%	9.380,30
(–) IRRF	(8.670,45)
Total IRPJ a pagar	23.780,30
CSLL a pagar 9%	13.842,27

Como a empresa é tributada pelo Lucro Presumido, não haverá incidência de PIS e de Cofins sobre a receita com juros sobre o capital recebido. Entretanto, para empresas que apurem as referidas contribuições pela não cumulatividade, há incidência de PIS e de Cofins sobre tais receitas, nas alíquotas de 1,65% e 7,6%, respectivamente.

Síntese

Neste capítulo, tratamos de três formas particulares de remunerar os sócios das empresas. A realizada por pró-labore, em regra, é obrigatória para o sócio que realiza atividades na organização. Os valores correspondentes estão sujeitos à tributação do INSS, tanto para o sócio, que deverá contribuir com 11% do valor percebido, como para a pessoa jurídica.

Se a empresa for tributada pelo regime normal (Lucro Real ou Lucro Presumido), haverá incidência do INSS patronal sobre o valor da remuneração com pró-labore, pela alíquota de 20%. Há ainda a incidência de IR, que é totalmente descontado do valor a ser pago ao sócio.

Já os dividendos, quando não forem destinados para reservas, por exemplo, poderão ser atribuídos aos sócios. Geralmente, a distribuição de dividendos é realizada proporcionalmente à participação de cada sócio. No entanto, em contrato social ou em ata de assembleia geral, os sócios ou os acionistas poderão acordar dividendos desproporcionais.

Frequentemente, os lucros são isentos de IR, desde que a empresa apresente tal lucro em sua escrituração contábil.

Vimos ainda uma terceira forma de remuneração, que são os Juros sobre o Capital Próprio (JCP), opção que pode ser feita por qualquer empresa que queira pagar os sócios além das formas vistas anteriormente. No entanto, ela é mais utilizada por empresas do Lucro Real, devido a seu incentivo fiscal de exclusão no Livro de Apuração do Lucro Real (Lalur) e no Livro de Apuração da Contribuição Social (Lacs).

Exercício resolvido

1. (Inep – 2015 – Enade – Ciências Contábeis) Uma empresa deseja subtrair o valor dos Juros sobre o Capital Próprio da base de cálculo da Provisão para o Imposto de Renda e para a Contribuição Social. A empresa apresentou Patrimônio Líquido de acordo com os dados a seguir.

Capital social	R$ 60.000,00
Reserva legal	R$ 5.000,00
Reserva estatutária	R$ 10.000,00
Reserva capital	R$ 15.000,00.
Total	**R$ 90.000,00**

Considerando a Taxa de Juros de Longo Prazo (TJLP) igual a 10% e o lucro do exercício no valor de R$ 15.000,00, qual é o valor dos Juros sobre Capital Próprio a ser subtraído da base de cálculo da Provisão do Imposto de Renda e da Contribuição Social?
a) R$ 6.000,00.
b) R$ 7.500,00.

c) R$ 9.000,00.
d) R$ 12.500,00.
e) R$ 15.000,00.

Resolução

Base de cálculo dos JCP: R$ 90.000,00;

TJLP: 10%;

Valor dos JCP: R$ 9.000,00;

Limites de dedução:

a) Total lucro acumulado + reserva de lucros: R$ 15.000,00

− 50% do lucro acumulado + reserva de lucros: R$ 7.500,00;

b) Total do lucro do exercício: R$ 15.000,00

− 50% do lucro do exercício: R$ 7.500,00.

O valor apurado dos JCP é de R$ 9.000,00; no entanto, o limite de dedução para fins de IR é de R$ 7.500,00.

Resposta correta: alternativa b.

Questões para revisão

1. Considere que a Ana é sócia de uma empresa do Lucro Real e que realiza atividade laboral na empresa, recebendo, assim, uma remuneração a título de pró-labore. O valor da sua remuneração é de R$ 4.600,00.

   Com base nas informações, qual é o valor líquido a ser pago a Ana, assim como os valores retidos a título de INSS e IRRF? (considere a Tabela 5.2).

2. A empresa Hist é tributada pelo Lucro Presumido, e, apesar de a legislação comercial determinar que todas as empresas devem ter escrituração contábil, a Hist optou por escriturar somente o livro-caixa. Dessa forma, a distribuição de lucros a seus dois sócios somente poderá ser isenta do IR se o montante distribuído não ultrapassar o limite do valor resultante

da aplicação dos percentuais de presunção sobre a receita bruta, subtraído dos valores de IRPJ, CSLL, PIS e Cofins. Considere que a empresa apresentou as seguintes receitas no período (em R$):

Competência	1º trimestre	2º trimestre	3º trimestre	4º trimestre
Receita bruta	658.234,00	926.234,00	937.574,00	933.994,00

Seu percentual de presunção é de 32% para o IRPJ e para a CSLL, além das alíquotas de apuração de 15% e 9%, respectivamente. Não esqueça do adicional de 10% sobre o valor da base que exceder a R$ 60.000,00 por trimestre. As alíquotas de PIS e de Cofins são de 0,65% e 3%, respectivamente. Com base nas informações, qual é o limite de lucro isento para os sócios da empresa Hist?

3. Sabendo que a despesa correspondente aos JCP é passível de dedução no IR das empresas tributadas pelo Lucro Real, a sociedade UNI realizou a apuração dos JCP a fim de verificar se é possível utilizar esse benefício em favor da sociedade.

Para tanto, a empresa UNI apresentou o seguinte PL:
- Capital social: R$ 100 000,00;
- Reserva legal: R$ 18 000,00;
- Reserva de contingência: R$ 26 000,00;
- Reserva capital: R$ 13 000,00;
- Ajuste de avaliação patrimonial: R$ 55.000,00;
- Total do PL: R$ 212 000,00.

Considerando-se a Taxa de Juros de Longo Prazo (TJLP) igual a 7% e o lucro do exercício no valor de R$ 5.000,00, qual é o valor dos JCP que pode ser subtraído da apuração do IRPJ da empresa UNI?
a) R$ 22.000,00.
b) R$ 10.990,00.

c) R$ 2.500,00.
d) R$ 44.000,00.
e) R$ 350,00.

4. Considerando o valor dos JCP distribuídos no exercício anterior para um dos sócios (pessoa jurídica) tributado pelo Lucro Presumido na proporção de 90% conforme sua participação societária, calcule o valor devido do IRPJ no período, considerando os dados a seguir:
   - Receita bruta do quarto trimestre: R$ 980.000,00;
   - Presunção para o IRPJ: 8%;
   - Retenção do IR: 15%.

5. Com base na questão 3, apresente os lançamentos contábeis (e seus respectivos valores) que devem ser escriturados na empresa UNI, pela distribuição da totalidade dos JCP, e o IR retido na fonte.

Questão para reflexão

1. Muitas empresas já realizaram cálculos dos JCP fora do período de competência a fim de utilizar as despesas como dedução na apuração do IR. Antes da Lei n. 12.973/2014, não havia no texto legal menção de utilização dos JCP de exercícios anteriores ao do crédito e ao do pagamento. Dessa forma, várias empresas aproveitaram a brecha que a legislação havia deixado.

   Entretanto, o Fisco começou a autuar tais operações determinando que a despesa deveria seguir o regime de competência, assim como qualquer despesa escriturada contabilmente. Vejamos a seguir um resumo dos julgamentos realizados pelo Conselho Administrativo de Recursos Fiscais (Carf), publicado no jornal *JOTA*:

- 20 dos acórdãos identificados entenderam não ser possível deduzir em determinado período de apuração as despesas de Juros sobre o Capital Próprio calculadas a partir de saldos de contas patrimoniais contábeis existentes em períodos de apuração anteriores ao da deliberação para pagamento ou crédito dos JCP. Por outro lado, 9 dos acórdãos identificados entenderam que a dedução dessas despesas era legítima;

- Dentre os acórdãos desfavoráveis à dedução, há decisões do antigo Conselho de Contribuintes (1ª e 5ª Câmaras) e do Conselho Administrativo de Recursos Fiscais (1ª, 2ª, 3ª, 4ª, e 5ª Câmaras). Dentre os acórdãos favoráveis à dedução também há acórdãos do antigo Conselho de Contribuintes (1ª, 7ª e 8ª Câmara) e do CARF (2ª e 4ª Câmara e 1ª Turma Especial);

- No que diz respeito aos fundamentos das decisões desfavoráveis à dedução, parte substancial desses acórdãos apontam o descumprimento do princípio da competência como a principal razão para a glosa das despesas anteriores, pois entendem que se tratam [sic] de despesas de anos anteriores. Outra parcela substancial desses acórdãos entende que não há lesão ao princípio da competência, pois a despesa deve ser reconhecida no período de apuração em que há a deliberação para o pagamento ou crédito dos JCP, contudo, afirma que os limites para o cálculo dos JCP devem ser os saldos das contas patrimoniais existentes no momento da deliberação pelo seu pagamento ou crédito e, dessa forma, não seria possível calculá-los em relação aos saldos existentes em períodos anteriores. A totalidade dos acórdãos desfavoráveis apontam ou assumem que os JCP possuem natureza jurídica de despesa financeira e, por sua vez, entendem que a Instrução Normativa SRF n. 11/96 não viola qualquer preceito legal, embora essas duas questões não sejam relevantes para as decisões finais.

- Já os acórdãos favoráveis à possibilidade de dedução dos Juros sobre o Capital Próprio extemporâneos entendem que o princípio da competência é observado, na medida em que a despesa correspondente aos JCP compete ao período de apuração em que é deliberado o pagamento ou crédito aos sócios e, tanto a legislação societária, como a fiscal, não trariam qualquer limitação ao cálculo dos JCP a partir dos saldos contábeis de exercícios anteriores. Dentre esses acórdãos, alguns mencionam a necessidade do procedimento não trazer prejuízos ao erário, do que se pode depreender tratar-se de menção à necessidade de observar-se os mesmos efeitos tributários que ocorreriam se a deliberação para pagamento ou crédito ocorresse em períodos anteriores, não há, contudo, maiores aprofundamentos quanto às eventuais mutações dos saldos contábeis e os efeitos correspondentes nos limites legais para pagamentos dos JCP nessa hipótese. Tanto a natureza jurídica dos JCP, como as disposições da Instrução Normativa SRF n. 11/96, não são fatores relevantes na fundamentação dessas decisões. (Matsunaga, 2016)

É possível notar que, dos processos julgados, apenas um foi favorável para compensação em período posterior ao da competência. Apesar de o enunciado da lei não determinar a utilização dos JCP de períodos anteriores, devido à quantidade de ocorrências por parte das empresas, a Instrução Normativa RBF n. 1.700/2017, em seu art. 75, traz esse conceito de forma bastante clara: "§ 4ºA dedução dos juros sobre o capital próprio só poderá ser efetuada no ano-calendário a que se referem os limites de que tratam o caput e o inciso I do § 2º" (Brasil, 2017b).

Com base em seus conhecimentos contábeis e nas diversas decisões emitidas contra e a favor da dedutibilidade dos JCP, você entende que o princípio da competência diz respeito ao período de apuração dos juros e sua provisão ou que tal princípio pode ser considerado no momento em que há deliberação do seu pagamento, mesmo que em anos posteriores ao do resultado da apuração?

Planejamento tributário das pessoas físicas

6

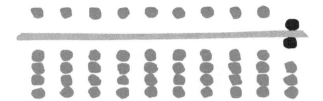

Conteúdos do capítulo:

- Previdência complementar.
- Ganho de capital.
- Livro-caixa.
- Microempreendedor individual (MEI).

Após o estudo deste capítulo, você será capaz de:

1. identificar como a pessoa física pode realizar planejamento tributário durante o ano para diminuir o ônus tributário no mês de abril;
2. reconhecer as regras de incidência e isenção do ganho de capital;
3. compreender a tributação da pessoa física sobre venda de bens e direitos e escrituração de livro-caixa.

Este capítulo está voltado a um pequeno planejamento tributário da pessoa física, questão pouco tratada nos materiais de planejamento, mas que pode ser uma boa forma para que contribuintes façam um plano no decorrer de um ano para então visualizar seus benefícios, no momento da entrega da declaração de ajuste anual.

6.1 Previdência complementar

A Previdência Social é bastante conhecida entre todos os trabalhadores, uma vez que todos contribuem, de forma compulsória, para ela. "A Previdência Social é uma instituição pública que tem como objetivo reconhecer e conceder direitos aos seus segurados" (Gomes, 2013, p. 315). Esses direitos englobam auxílio maternidade, auxílio doença e aposentadoria.

Por falar em aposentadoria, tão incerta devido aos rumores de déficit da Previdência, tornou-se importante que o trabalhador que queira ter uma garantia certa procure previdências complementares, fornecidas por bancos e financeiras, a fim de garantir uma renda em sua velhice.

A previdência complementar dá ao beneficiário uma aposentadoria com base nas reservas acumuladas ao longo dos anos de contribuição. Dessa forma, esse trabalhador já sabe o valor do benefício que irá receber na aposentadoria. Para tanto, vamos destacar dois modelos de previdência complementar que temos no mercado: o Plano Gerador de Benefício Livre (PGBL) e a Vida Gerador de Benefício Livre (VGBL).

6.1.1 PGBL e VGBL

O PGBL que é uma modalidade de previdência complementar. Esse plano tem como característica o adiamento do pagamento do Imposto de Renda (IR) da pessoa física para o momento do resgate de valores. Isso porque o contribuinte que tem esse plano poderá deduzir até 12% da renda tributável no ano, no momento da entrega da declaração de Imposto de Renda. Da mesma forma funciona o Fundo de Aposentadoria Programada Individual (Fapi).

> a) no Plano Gerador de Benefício Livre (PGBL) e no Fundo de Aposentadoria Programada Individual (Fapi), Planos de caráter previdenciário, o valor das contribuições são dedutíveis na Declaração de Ajuste Anual, limitado a 12% do rendimento tributável incluído na base de cálculo do imposto sobre a renda na declaração. Quando do pagamento/benefício ou crédito, tributa-se a totalidade do rendimento, sendo adotado o regime de tributação, conforme a opção do contribuinte. (Brasil, 2019b, p. 89)

Por esse motivo, o PGBL tem a característica de adiamento do pagamento do Imposto de Renda, pois, nos períodos em que há contribuição ao plano, há possibilidade de dedução na base de cálculo do Imposto de Renda; no entanto, quando ocorre o resgate, o valor total recebido (principal mais rendimentos) é levado a tributação.

Já a VGBL é também uma modalidade de previdência complementar, no entanto, pode ainda ser considerada um seguro de vida. Ela não dá ao contribuinte o benefício de dedução na base do Imposto de Renda e é considerada somente um direito.

> b) no Vida Gerador de Benefício Livre (VGBL), plano de seguro de vida com cláusula de cobertura por sobrevivência, o valor das contribuições não é dedutível na Declaração de Ajuste Anual. Quando do recebimento, tributa-se a diferença entre o valor recebido e o valor aplicado, sendo adotado o regime de tributação, conforme a opção do contribuinte. (Brasil, 2019b, p. 89)

A VGBL não dá o benefício de dedução na base tributável do Imposto de Renda, porém, quando ocorrerem os resgates, somente será tributável o valor do rendimento gerado no investimento, e não o valor total investido.

Figura 6.1 – Resumo do tratamento tributário do PGBL e VGBL

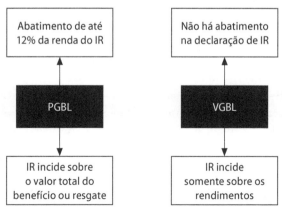

Fonte: Oliveira Júnior; Pacheco, 2017, p. 284.

A tributação também pode ser escolhida pelo contribuinte e é muito importante conhecer as cláusulas do seu contrato de previdência complementar, para não ter surpresas no momento do resgate, pela incidência do Imposto de Renda. A opção de tributação pode ser com base na tabela progressiva, que vimos no Capítulo 5 deste livro. Dessa forma, a incidência do Imposto de Renda ocorre sobre o valor do rendimento mensal, seja ele composto pelo montante principal mais os rendimentos, no caso do PGBL, seja somente o valor dos rendimentos, no caso da VGBL.

No entanto, o contribuinte pode optar pela tributação prevista no art. 1º da Lei n. 11.053, de 29 de dezembro de 2004 (Brasil, 2004c), que ocorre de acordo com o tempo de investimento, funcionando como uma aplicação financeira, por exemplo, que chamamos de *tabela regressiva*. Vejamos como são aplicadas as alíquotas:

> Art. 1º É facultada aos participantes que ingressarem a partir de 1º de janeiro de 2005 em planos de benefícios de caráter previdenciário, estruturados nas modalidades de contribuição definida ou contribuição variável, das entidades de previdência complementar e das sociedades seguradoras, a opção por regime de tributação no qual os valores pagos aos próprios participantes ou aos assistidos, a título de benefícios ou resgates de valores acumulados, sujeitam-se à incidência de imposto de renda na fonte às seguintes alíquotas:
> I – 35% (trinta e cinco por cento), para recursos com prazo de acumulação inferior ou igual a 2 (dois) anos;
> II – 30% (trinta por cento), para recursos com prazo de acumulação superior a 2 (dois) anos e inferior ou igual a 4 (quatro) anos;
> III – 25% (vinte e cinco por cento), para recursos com prazo de acumulação superior a 4 (quatro) anos e inferior ou igual a 6 (seis) anos;
> IV – 20% (vinte por cento), para recursos com prazo de acumulação superior a 6 (seis) anos e inferior ou igual a 8 (oito) anos;
> V – 15% (quinze por cento), para recursos com prazo de acumulação superior a 8 (oito) anos e inferior ou igual a 10 (dez) anos; e

VI – 10% (dez por cento), para recursos com prazo de acumulação superior a 10 (dez) anos. (Brasil, 2004c)

Dessa forma, pela opção de tributação, o contribuinte pode realizar seu planejamento tributário, considerando o prazo de resgate, para a escolha da forma de apuração, assim como o modelo de previdência que melhor se adéque a sua realidade, levando em conta os rendimentos no ano e o modelo de declaração de ajuste entregue, uma vez que a dedução do PGBL somente será considerada para declarações no modelo completo (deduções legais).

Um fator bastante importante de analisar é a forma de incidência do Imposto de Renda. Caso o contribuinte opte pela progressividade, seu rendimento tributável será ajustado na declaração, formando base para o cálculo de restituição ou de pagamento. Já se o contribuinte optar pela regressividade, seu Imposto de Renda retido será definitivo, não sendo possível sua restituição.

6.2 Rendimento Recebido Acumuladamente (RAA)

Os Rendimentos Recebidos Acumuladamente, denominados também de *RRA*, são os ganhos, como o próprio nome descreve, que são recebidos de forma acumulada, como valores referentes ao trabalho assalariado, auferidos de uma vez em um processo judicial ou em pensão de anos anteriores.

> Desde o ano-calendário de 1989, por força da edição do art. 12 da Lei nº 7.713, de 22 de dezembro de 1988, os rendimentos recebidos acumuladamente, independente do período a que correspondiam, eram tributáveis no mês de seu recebimento na fonte e na declaração de ajuste, utilizando-se da tabela progressiva vigente no momento do pagamento (Regime de Caixa). No entanto, essa norma foi declarada inconstitucional pelo Supremo Tribunal Federal (STF), do que decorreu sua

revogação e alterações legislativas nos arts. 12-A e 12-B desse ato normativo, trazidas pelas Medidas Provisórias nºs 497, de 27 de julho de 2010, e 670, de 10 de março de 2015, bem como pela Lei nº 13.149, de 21 de julho de 2015. Entendeu a Corte Suprema pela aplicação da tabela progressiva mensal vigente à época de referência do pagamento dos rendimentos, quando estes se referirem a anos-calendário anteriores ao do recebimento efetivo (Regime de Competência). (Brasil, 2019b, p. 110)

Contudo, como proceder com um planejamento sobre os RRA? Na declaração de ajuste anual, há uma ficha específica para esse rendimento, na qual deverá ser marcada a opção de ajuste anual ou exclusiva na fonte.

A primeira opção irá tributar o rendimento com a tabela referente ao ano, isto é, o rendimento proporcional a 12 meses.

Já a segunda opção dá ao contribuinte a chance de incluir o número de meses a que se refere aquele rendimento. Em regra, se o valor for superior a 12 meses, a vantagem será a opção **exclusiva na fonte**, uma vez que a tabela progressiva será proporcionalizada ao número de meses daquele rendimento.

Assim, a tabela progressiva (retomando a Tabela 5.2) se apresentará como a Tabela 6.1.

Tabela 6.1 – Tabela progressiva do IR por número de meses – RRA

Base de cálculo (R$)	Alíquota (%)	Parcela a deduzir do IRPF** (R$)
Até 1.903,98 × NM*	–	–
De 1.903,99 × NM até 2.826,65 × NM	7,5	142,80 × NM
De 2.826,66 × NM até 3.751,05 × NM	15	354,80 × NM
De 3.751,06 × NM até 4.664,68 × NM	22,5	636,13 × NM
Acima de 4.664,68 × NM	27,5	869,36 × NM

Fonte: Elaborado com base em Brasil, 2014a.
*NM se refere a *número de meses*.
**Imposto de Renda Pessoa Física (IRPF)

Por exemplo, considere que você teve um rendimento no valor de R$ 120 mil de uma única vez, o qual é integralmente tributado, referente a diferenças de horas extras realizadas por cinco anos em uma empresa. Se a incidência ocorresse pela tabela progressiva normal, sua tributação seria pela alíquota de 27,5%, e o valor do Imposto de Renda devido seria de R$ 32.130,64.

No entanto, com base na proporção do número de meses, 60 nesse caso, a tabela ficará conforme é mostrada a seguir.

Tabela 6.2 – Tabela progressiva do IR por 60 meses em RRA

Base de cálculo (R$)	Alíquota (%)	Parcela a deduzir do IRPF (R$)
Até 114.237,80	–	–
De 114.237,81 até 169.599,00	7,5	8.568,00
De 169.599,01 até 225.063,00	15	21.288,00
De 225.063,01 até 279.880,80	22,5	38.167,80
Acima de 279.880,81	27,5	52.161,60

Fonte: Elaborado com base em Brasil, 2014a.

Podemos notar que a incidência do valor recebido passou a ser a alíquota de 7,5%, e o Imposto de Renda devido, proporcionalmente, é de R$ 432,00.

Para saber mais

BRASIL. Ministério da Economia. Receita Federal. Apuração do Imposto sobre a Renda da Pessoa Física: Rendimentos Recebidos Acumuladamente. Disponível em: <http://www.receita.fazenda.gov.br/aplicacoes/atrjo/simulador/simulador-rra.asp>. Acesso em: 20 abr. 2020.

Nessa página eletrônica, é possível calcular o valor do Imposto de Renda sobre o RRA.

Consultando a legislação

BRASIL. Ministério da Economia. Receita Federal. Imposto sobre a renda da pessoa física IRPF 2019: perguntas e respostas. Brasília: Receita Federal, 2019. Disponível em: <http://receita.economia.gov.br/interface/cidadao/irpf/2019/perguntao/perguntas-e-respostas-irpf-2019.pdf>. Acesso em: 20 abr. 2020.

Para mais detalhes sobre o tema, sugerimos o documento da Receita Federal que traz respostas a muitas dúvidas dos contribuintes (pergunta 235 e posteriores).

6.3 Tributação do ganho de capital

Ganho de capital é o lucro auferido na venda de bens e de direitos. Tal lucro, na pessoa física, é calculado pelo valor da alienação diminuindo-se o custo de aquisição. Em regra geral, o ganho de capital é tributado, pois trata-se de um aumento da riqueza, acréscimo patrimonial, como definido no art. 43 do CTN.

> A Instrução Normativa SRF n. 84, de 11 de outubro de 2001, dispõe o seguinte:
> Art. 3º Estão sujeitas à apuração de ganho de capital as operações que importem:
> I – alienação, a qualquer título, de bens ou direitos ou cessão ou promessa de cessão de direitos à sua aquisição, tais como as realizadas por compra e venda, permuta, adjudicação, desapropriação, dação em pagamento, procuração em causa própria, promessa de compra e venda, cessão de direitos ou promessa de cessão de direitos e contratos afins;
> II – transferência a herdeiros e legatários na sucessão causa mortis, a donatários na doação, inclusive em adiantamento da

legítima, ou atribuição a ex-cônjuge ou ex-convivente, na dissolução da sociedade conjugal ou união estável, de direito de propriedade de bens e direitos adquiridos por valor superior àquele pelo qual constavam na Declaração de Ajuste Anual do de cujus, do doador, do ex-cônjuge ou ex-convivente que os tenha transferido. (Brasil, 2001b)

No entanto, a legislação tributária oferece alguns benefícios fiscais de isenção ou de redução para o ganho de capital, dos quais trataremos aqui.

Inicialmente, vamos falar da tributação que ocorre sobre os valores de ganho de capital. Até 2015, o ganho de capital da pessoa física era tributado à alíquota de 15%, independentemente de seu valor. A partir de janeiro de 2016, com a redação da Lei nº 13.259, de 16 de março de 2016 (Brasil, 2016c), alterando então a Lei nº 8.981, de 20 de janeiro de 1995 (Brasil, 1995a), a incidência do Imposto de Renda sobre o lucro na alienação de bens e direitos passou a ser a seguinte:

> I – 15% (quinze por cento) sobre a parcela dos ganhos que não ultrapassar R$ 5.000.000,00 (cinco milhões de reais);
> II – 17,5% (dezessete inteiros e cinco décimos por cento) sobre a parcela dos ganhos que exceder R$ 5.000.000,00 (cinco milhões de reais) e não ultrapassar R$ 10.000.000,00 (dez milhões de reais);
> III – 20% (vinte por cento) sobre a parcela dos ganhos que exceder R$ 10.000.000,00 (dez milhões de reais) e não ultrapassar R$ 30.000.000,00 (trinta milhões de reais); e
> IV – 22,5% (vinte e dois inteiros e cinco décimos por cento) sobre a parcela dos ganhos que ultrapassar R$ 30.000.000,00 (trinta milhões de reais). (Brasil, 1995a)

Dessa forma, há uma tributação progressiva, de acordo com o valor do lucro apurado na venda de um bem ou de um direito. Para apuração do ganho, é necessário saber o valor do custo do objeto. Nesse caso, podemos considerar:

- os gastos com construção, ampliação, reforma e pequenas obras;
- as despesas com a demolição de edifício erguido no terreno, sob condição de se ter a alienação executada;
- as despesas de corretagem quando o alienante arcar com elas;
- as despesas com a realização de obras públicas que tenham beneficiado o imóvel;
- o valor do Imposto sobre a Transmissão de Bens Imóveis (ITBI) pago pelo alienante na aquisição de um imóvel;
- a quantia da contribuição de melhoria, se houver;
- os juros e os demais complementos pagos para a compra da propriedade.

Para outros bens e direitos, podemos considerar como parte do custo as despesas com conservação, reparos, comissões e outras relacionadas à operação de alienação.

Para fins de valor de alienação, a Instrução Normativa nº 81, de 11 de outubro de 2001, dispõe:

> Art. 19. Considera-se valor de alienação:
> I – o preço efetivo da operação de venda ou de cessão de direitos;
> II – o valor de mercado, nas operações não expressas em dinheiro;
> III – no caso de bens ou direitos vinculados a qualquer espécie de financiamento ou a consórcios, em que o saldo devedor é transferido para o adquirente, o valor efetivamente recebido, desprezado o valor da dívida transferida;
> IV – no caso de bens em condomínio, a parcela do preço que couber a cada condômino ou coproprietário;
> V – no caso de permuta com recebimento de torna, o valor da torna;
> VI – no caso de imóvel rural com benfeitorias, o valor correspondente:

a) exclusivamente à terra nua, quando o valor das benfeitorias houver sido deduzido como custo ou despesa da atividade rural;

b) a todo o imóvel alienado, quando as benfeitorias não houverem sido deduzidas como custo ou despesa da atividade rural. (Brasil, 2001a)

Agora que sabemos como é calculado o Imposto de Renda sobre o ganho e como são considerados os valores do custo e da venda, vamos conhecer quais são os incentivos dados para isenção do Imposto de Renda sobre ganhos de capital.

A primeira isenção é com relação à alienação de bens de pequeno valor. Podem ser considerados como tal a alienação de até R$ 20 mil no caso de ações negociadas no mercado de balcão e de R$ 35 mil para os demais bens e direitos.

Outra isenção diz respeito à comercialização do único imóvel que o titular possui em que o valor da venda seja de até R$ 440 mil e desde que não tenha realizado alienação nos últimos cinco anos.

Como terceira isenção, vamos citar o ganho de capital auferido na alienação de imóvel residencial, desde que o titular utilize o produto da venda na aquisição de um novo imóvel residencial no prazo de 180 dias, contados a partir da celebração do contrato.

Outras isenções ainda estão previstas no art. 10 da Instrução Normativa RFB n. 1.500, de 29 de outubro de 2014:

> VI – ganho de capital auferido na alienação de bens localizados no exterior ou representativos de direitos no exterior, e na liquidação ou resgate de aplicações financeiras, adquiridos, a qualquer título, pela pessoa física, na condição de não residente;
>
> VII – variação cambial decorrente das alienações de bens e direitos adquiridos e aplicações financeiras realizadas com rendimentos auferidos originariamente em moeda estrangeira;
>
> VIII – ganho de capital auferido na alienação de moeda estrangeira mantida em espécie, cujo total de alienações, no

ano-calendário, seja igual ou inferior ao equivalente a US$ 5.000,00 (cinco mil dólares dos Estados Unidos da América). (Brasil, 2014a)

Além disso, há ainda uma redução do valor do ganho de capital, relacionado ao ano de aquisição do bem, conforme a Tabela 6.3.

Tabela 6.3 – Percentuais de redução do ganho de capital na alienação de bem imóvel

ANO DE AQUISIÇÃO	% DE REDUÇÃO	ANO DE AQUISIÇÃO	% DE REDUÇÃO
Até 1969	100%	1979	50%
1970	95%	1980	45%
1971	90%	1981	40%
1972	85%	1982	35%
1973	80%	1983	30%
1974	75%	1984	25%
1975	70%	1985	20%
1976	65%	1986	15%
1977	60%	1987	10%
1978	55%	1988	5%

FONTE: Brasil, 2001b.

A apuração do ganho de capital da pessoa física é realizada por meio de um programa da Receita Federal, disponibilizado anualmente para *download*, e as deduções citadas aqui são todas apuradas automaticamente, sendo necessário que o contribuinte inclua as informações corretas para o cálculo do imposto devido.

Permuta de bens

Para bens permutados, quando não há recebimento de torna (troco), não há apuração de ganho de capital, uma vez que os bens recebidos em permuta devem ser considerados pelos mesmos valores daqueles dados em permuta, dessa forma, há um diferimento no Imposto de Renda, para quando ocorrer a venda desses bens.

Já no caso de permuta com recebimento de torna, o ganho de capital é calculado da seguinte forma: o valor da torna é adicionado ao custo do imóvel dado em permuta, é feita a divisão do valor da torna pelo valor dessa soma e o resultado obtido é multiplicado por cem.

O ganho de capital, nesse caso, é obtido aplicando-se o percentual encontrado sobre o valor da torna.

Vejamos os exemplos dados pela Receita Federal, no documento *Imposto sobre a renda da pessoa física IRPF 2019: perguntas e respostas*, na questão 595, para os casos de permuta com e sem torna.

Exemplo 6.1

1) Permuta sem torna:

    Em 04/05/2016, o contribuinte "A" permutou uma casa, adquirida em 15/10/1990, declarada por R$ 60.000,00, por um apartamento pertencente ao contribuinte "B", adquirido em 10/06/1992, e por ele declarado por R$ 50.000,00. Dados para a declaração (Declaração de Bens e Direitos):

    Contribuinte "A"

Bem	Situação em 31/12/2017	Situação em 31/12/2018
Casa	60.000,00	0,00
Apto.	0,00	60.000,00

    Contribuinte "B"

Bem	Situação em 31/12/2017	Situação em 31/12/2018
Casa	0,00	50.000,00
Apto.	50.000,00	0,00

Fonte: Brasil, 2019b, p. 232.

Note que, na declaração de ajuste anual de ambos os contribuintes, os valores dos imóveis recebidos em permuta serão declarados pelos seus dados em permuta. Por exemplo, o contribuinte A tinha uma casa declarada por R$ 60.000,00 e o contribuinte B, um apartamento declarado por R$ 50.000,00. Ao permutarem seus imóveis, cada um procedeu com a mudança do bem, mas não houve alteração patrimonial em nenhuma declaração.

Tal condição está prevista no Regulamento do Imposto de Renda (RIR), de 2018 – Decreto n. 9.590, de 22 de novembro de 2018 –, no art. 136: "§ 5º Nas operações de permuta, com ou sem pagamento de torna, considera-se custo de aquisição o valor do bem dado em permuta acrescido, se for o caso, da torna paga" (Brasil, 2012)

Para o caso de permuta com torna (com parte em dinheiro), devemos observar algumas condições previstas na legislação em vigor. Vimos que, para a permuta sem torna, não há ganho de capital no momento da troca dos bens, pois cada contribuinte considera o bem recebido pelo mesmo custo do bem anterior, diferindo, assim, o Imposto de Renda para a venda em momento futuro.

Já para as operações de permuta com torna, há incidência do Imposto de Renda sobre a torna. No entanto, esta sofre reduções para fins do cálculo daquele.

Inicialmente, observamos a Instrução Normativa SRF n. 84/2001, art. 23:

> Art. 23. No caso de permuta com recebimento de torna em dinheiro, o ganho de capital é obtido da seguinte forma:
> I - o valor da torna é adicionado ao custo do imóvel dado em permuta;
> II - é efetuada a divisão do valor da torna pelo valor apurado na forma do inciso I, e o resultado obtido é multiplicado por cem;
> III - o ganho de capital é obtido aplicando-se o percentual encontrado, conforme inciso II, sobre o valor da torna. (Brasil, 2001a)

Para elucidar o cálculo, consideremos o exemplo a seguir.

Exemplo 6.2

Permuta com torna:

Em 1º de agosto de 2019, o contribuinte Y permutou um terreno (adquirido em 25 de maio de 2015), declarado por R$ 150.000,00 (custo de aquisição), por um apartamento do contribuinte Z (adquirido por este em 1º de junho de 2016), declarado por R$ 100.000,00, mais uma torna de R$ 70.000,00. Assim, o ganho é apurado conforme o art. 23 da Instrução Normativa SRF n. 84/2001 (Brasil, 2001a):

> I - o valor da torna é adicionado ao custo do imóvel dado em permuta;

- Imóvel dado em permuta: R$ 150.000,00;
- Valor da torna: R$ 70.000,00;
- Total do custo: R$ 220.000,00.

> II - é efetuada a divisão do valor da torna pelo valor apurado na forma do inciso I, e o resultado obtido é multiplicado por cem;

- Valor da torna / total custo x 100: R$ 70.000,00 / R$ 220.000,00 = 0,318182 x 100 = 31,82%.

> III - o ganho de capital é obtido aplicando-se o percentual encontrado, conforme inciso II, sobre o valor da torna.

- Valor da torna: R$ 70.000,00;
- Percentual encontrado: 31,82%;
- Ganho de Capital: R$ 70.000,00 x 31,82% = **R$ 22.274,00**.

Dessa forma, há a incidência de 15% sobre o ganho calculado, gerando um Imposto de Renda de R$ 3.341,10.

Entretanto, existem formas de reduzir a base de cálculo do ganho para apuração do Imposto de Renda, pois o ganho de capital apurado é passível de uma redução, prevista na Lei n. 11.196, de 21 de novembro de 2005 (Brasil, 2005):

> Art. 40. Para a apuração da base de cálculo do imposto sobre a renda incidente sobre o ganho de capital por ocasião da alienação, a qualquer título, de bens imóveis realizada por pessoa física residente no País, serão aplicados fatores de redução (FR1 e FR2) do ganho de capital apurado. (Vigência)
> § 1º A base de cálculo do imposto corresponderá à multiplicação do ganho de capital pelos fatores de redução, que serão determinados pelas seguintes fórmulas:
> I - FR1 = 1/1,0060 m1, onde "m1" corresponde ao número de meses-calendário ou fração decorridos entre a data de aquisição do imóvel e o mês da publicação desta Lei, inclusive na hipótese de a alienação ocorrer no referido mês;
> II - FR2 = 1/1,0035 m2, onde "m2" corresponde ao número de meses-calendário ou fração decorridos entre o mês seguinte ao da publicação desta Lei ou o mês da aquisição do imóvel, se posterior, e o de sua alienação.

No exemplo, para o contribuinte Y, temos os seguintes dados para o cálculo do fator de redução:

- Data da aquisição do terreno: 25 de maio de 2015;
- Data da permuta: 1° de agosto de 2019;
- Data da publicação da Lei n. 11.196: 22 de novembro de 2005 [1];
- Mês posterior ao da publicação da Lei n. 11.196: dezembro de 2005.

Assim, devem ser seguidas as seguintes exigências, de acordo com a Lei 11.196/2005:

Cálculo do fator de redução (FR)

> I - FR1 = 1/1,0060 m1, onde "m1" corresponde ao número de meses-calendário ou fração decorridos entre a data de aquisição do imóvel e o mês da publicação desta Lei, inclusive na hipótese de a alienação ocorrer no referido mês

---

[1] Data de publicação da lei no Diário Oficial da União (Brasil, 2005).

Calculamos o número de meses entre a data de aquisição do bem e a data da publicação da lei:

- Data da publicação da Lei n. 11.196: 22 de novembro de 2005;
- Data da aquisição do terreno: 25 de maio de 2005;
- Número de meses transcorridos: 116.

Aplicando a Lei n. 11.196/2005, temos:

- FR 1 = 1 / 1,0060 m1;
- FR 1 = 1 / 1,0060^{116};
- FR 1 = 0,50.

Cálculo do FR 2

> II - FR2 = 1/1,0035 m2, onde "m2" corresponde ao número de meses-calendário ou fração decorridos entre o mês seguinte ao da publicação desta Lei ou o mês da aquisição do imóvel, se posterior, e o de sua alienação.

Para esse fator, vamos usar o número de meses da data de aquisição do bem e o da alienação (permuta), uma vez que a aquisição ocorreu após a publicação da Lei n. 11.196/2005:

- Data da aquisição do terreno: 25 de maio de 2015;
- Data da permuta: 1° de agosto de 2019;
- Número de meses transcorridos: 51.

Aplicando a Lei n. 11.196/2005, temos:

- FR 2 = 1 / 1,0035 m2;
- FR 2 = 1 / 1,0035^{51};
- FR 2 = 0,84.

Agora que temos os valores da redução, seguimos a regra descrita no parágrafo 1° do art. 40 da Lei n. 11.196/2005, que dispõe que a base de cálculo do Imposto de Renda corresponderá à multiplicação do ganho de capital pelos fatores de redução:

- Ganho de capital: R$ 22.274,00;
- FR 1 = 0,50;
- FR 2 = 0,84.

Logo:

- R$ 22.274,00 x (0,50 x 0,84) = R$ 9.329,88;
- Valor do Imposto de Renda sobre o ganho (15%): R$ 1.399,48.

Então, as declarações dos dois contribuintes ficam da seguinte maneira:

Tabela A – Contribuinte Y (em R$)

Bem	Situação em 31/12/2018	Situação em 31/12/2019
Terreno	150.000,00	0,00
Apartamento	0,00	197.726,00

Tabela B – Contribuinte Z (em R$)

Bem	Situação em 31/12/2018	Situação em 31/12/2019
Terreno	0,00	170.000,00
Apartamento	100.000,00	0,00

Para o novo custo do contribuinte Y, que recebeu o apartamento e mais a torna, o valor no ano será calculado pelo total do custo diminuído do ganho sem a redução:

- Custo total = R$ 150.000,00 + R$ 70.000,00 = R$ 220.000,00 (terreno dado em permuta mais a torna);
- Ganho sem redução = R$ 22.274,00;
- Custo para a declaração de ajuste = R$ 220.000,00 – R$ 22.274,00 = R$ 197.726,00.

Para o contribuinte Z, o custo será o bem dado em permuta mais o valor dado pela torna:

- Apartamento dado em permuta: R$ 100.000,00;
- Valor da torna: R$ 70.000,00;
- Custo total para a declaração de ajuste: R$ 170.000,00.

6.4 Rendimentos de profissionais liberais

Cada vez mais pessoas estão realizando atividades de forma independente, ou seja, sem vínculo empregatício. Para isso, é importante que o contribuinte tenha formas legais de tentar reduzir seu ônus tributário sem deixar de informar nenhuma receita.

Dessa forma, é feita uma contabilidade da pessoa física por meio do livro-caixa, em que podemos deduzir algumas despesas decorrentes da atividade profissional e, assim, tributar o lucro auferido no mês, e não a parcela total do rendimento mensal.

A Instrução Normativa RFB n. 1.500/2014 traz uma relação de despesas que são consideradas dedutíveis na apuração do resultado, conforme demonstramos a seguir:

- salário e encargos patronais;
- despesas pagas pelos serviços públicos e cartórios;
- despesas com gastos judiciais e extrajudiciais;
- despesas de custeio necessárias à atividade do profissional.

A Receita Federal esclarece:

> Considera-se despesa de custeio aquela indispensável à percepção da receita e à manutenção da fonte produtora, como aluguel, água, luz, telefone, material de expediente ou de consumo.
>
> O valor das despesas dedutíveis, escrituradas em livro-caixa, está limitado ao valor da receita mensal recebida de pessoa física ou jurídica. (Brasil, 2019b)

Quando as despesas do livro-caixa ultrapassarem o valor da receita auferida pelo prestador de serviço, o montante excedente poderá ser somado às despesas dos meses posteriores, até o mês de dezembro do mesmo ano, não podendo ser transferido para o exercício seguinte.

É comum que esses trabalhadores autônomos não paguem o Imposto de Renda de forma mensal, deixando todo o valor a ser pago no momento da entrega da declaração de ajuste anual. No entanto, o recolhimento mensal (antecipação) é obrigatório, ficando o profissional sujeito à cobrança de multa e de juros pelo recolhimento em atraso do Imposto de Renda. Esse recolhimento é o chamado *carnê-leão*.

A tributação dos rendimentos mensais deve ser realizada com base na tabela progressiva do Imposto de Renda (ver Tabela 5.2, no Capítulo 5 desta obra).

Outra possibilidade de redução da carga tributária é ainda a constituição de microempreendedor individual (MEI). O MEI é um regime de tributação diferenciado para empresários individuais que tenham faturamento anual limitado a R$ 81 mil. O art. 18-A da Lei-Complementar n. 123, de 14 de dezembro de 2006, assim o define:

> § 1º Para os efeitos desta Lei Complementar, considera-se MEI o empresário individual que se enquadre na definição do art. 966 da Lei nº 10.406, de 10 de janeiro de 2002 – Código Civil, ou o empreendedor que exerça as atividades de industrialização, comercialização e prestação de serviços no âmbito rural, que tenha auferido receita bruta, no ano-calendário anterior, de até R$ 81.000,00 (oitenta e um mil reais), que seja optante pelo Simples Nacional e que não esteja impedido de optar pela sistemática prevista neste artigo. (Brasil, 2006b)

Para a prática empresarial como MEI, é necessário que o contribuinte verifique se sua atividade é permitida para essa modalidade tributária. Além disso, ele não poderá possuir mais de um estabelecimento e não poderá integrar quadro societário de outra empresa, nem mesmo como administrador.

Os tributos mensais do MEI são:
- 5% do valor do salário mínimo nacional;

- R$ 1,00 a título de Imposto sobre Circulação de Mercadorias e Serviços (ICMS), caso sua atividade tenha incidência do referido imposto;
- R$ 5,00 a título de Imposto Sobre Serviços (ISS), caso exerça atividade sujeita à incidência desse imposto.

Outra condição bastante importante do MEI é que ele só pode contratar um único empregado que receba exclusivamente um salário mínimo ou o piso salarial da categoria profissional.

A despesa com encargos sobre o empregado do MEI totaliza 11% do salário do empregado, correspondente a 3% de INSS patronal e 8% referente ao Fundo de Garantia do Tempo de Serviço (FGTS).

Perguntas & respostas

1. Um indivíduo coloca seu imóvel residencial para vender, pois pretende mudar de cidade. Tão logo pendure a placa de *vende-se* na janela, já aparecem vários interessados e em pouco tempo ele consegue realizar a alienação do bem.

No entanto, sua pretensão é, assim que proceder com a mudança de cidade, comprar outro imóvel com o dinheiro da venda desse bem.

O imóvel está registrado por R$ 100 mil, e a venda, no valor de R$ 300 mil.

Considerando-se tais condições, existe alguma forma de isenção de Imposto de Renda sobre o valor do ganho de capital?

Poderiam ser aplicadas duas isenções possíveis. A primeira ocorre caso se trate de único imóvel residencial, não terá incidência do Imposto de Renda, uma vez que o valor da venda está abaixo do previsto na legislação (que é de R$ 440 mil).

Porém, caso não se trate de único imóvel, ou o indivíduo já tenha utilizado tal isenção nos últimos cinco anos, poderá aplicar-se a isenção dos 180 dias. Isto é, caso utilize o valor da venda na compra de outro imóvel nesse prazo, ele também estaria isento do Imposto de Renda, desde que não tivesse utilizado tal benefício nos últimos cinco anos.

Síntese

Neste último capítulo, trouxemos as formas de pensar na tributação da pessoa física e uma possibilidade de realização de planejamento tributário. Aqui, você deve notar a importância de se pensar na renda 365 dias do ano, e não somente no mês de abril, quando é a entrega da declaração do Imposto de Renda.

Vimos ainda as possibilidades de isenção sobre apuração do ganho de capital. É comum que os contribuintes descubram que devem o Imposto de Renda sobre o ganho somente na entrega da declaração e nesse momento não é mais possível aplicar algumas isenções. Por último, tratamos dos profissionais liberais, trazendo então as possibilidades de dedução de base de cálculo para o Imposto de Renda Pessoa Física (IRPF), comparando-o ainda ao MEI, que, se estiver dentro das regras, talvez tenha tributação menor do que na pessoa física.

Exercício resolvido

1. No mês de novembro de 2018, os contribuintes Pedro e Joana resolveram permutar seus imóveis entre si, já que, com base em análises de localização e tamanho, os bens eram equivalentes e tinham um valor de mercado próximo a R$ 500.000,00 cada. Assim, Pedro, que tinha um apartamento registrado em sua declaração do Imposto de Renda por R$ 145.000,00, aceitou trocá-lo com a casa de Joana,

registrada por R$ 250.000,00 em sua declaração de Imposto de Renda (ambos pelo preço de custo).

A operação foi então concretizada no cartório e agora ambos precisavam ajustar sua declaração de Imposto de Renda para o exercício de 2018, ano-calendário de 2018.
Demonstre como deve ser cada declaração de ajuste anual de cada um.

Resolução
Pedro

Bem	Situação em 31/12/2017	Situação em 31/12/2018
Casa	R$ 0,00	R$ 145.000,00
Apartamento	R$ 145.000,00	R$ 0,00

Joana

Bem	Situação em 31/12/2017	Situação em 31/12/2018
Casa	R$ 250.000,00	R$ 0,00
Apartamento	R$ 0,00	R$ 250.000,00

Na declaração de ajuste anual, os valores de custo não devem ser alterados no momento da permuta. Caso isso ocorra, a diferença positiva (lucro) deve ser tributada pelo Imposto de Renda. Para a permuta sem torna, há certo diferimento sobre o valor do Imposto de Renda que será devido somente na venda do bem.

Questões para revisão

1. Quais são as principais diferenças entre os planos de previdência complementar VGBL e PGBL?

2. Os rendimentos recebidos a título de previdência complementar terão incidência do Imposto de Renda, no entanto, o contribuinte pode optar pela forma que entende ser a mais vantajosa. Essa opção é realizada no momento da

contratação do plano. Quais são as formas de incidência do Imposto de Renda?

3. O ganho de capital é o lucro obtido na venda de um bem ou de um direito. Para os bens adquiridos há mais tempo, a legislação determina algumas faixas de isenção que são aplicadas sobre o valor do ganho, tendo, assim, base de cálculo reduzida.

    Para bens que tenham sido adquiridos em 1981, o percentual de redução é de:
    a) 50%.
    b) 35%.
    c) 40%.
    d) 95%.
    e) 10%.

4. Para profissionais liberais que possuem escrituração de livro-caixa, o Fisco autoriza a dedução de algumas despesas relacionadas à atividade como dedutíveis para obtenção da base de cálculo do Imposto de Renda.

    Assinale a alternativa que apresenta a despesa que não pode ser deduzida no livro-caixa:
    a) Salário e encargos patronais.
    b) Despesa com aluguel do estabelecimento operacional.
    c) Despesa com energia elétrica.
    d) Despesa com combustível do carro particular.
    e) Despesas com aquisição de bens próprios para consumo.

5. Sabe-se que o MEI pode contratar até 1 empregado, com um rendimento igual ao salário mínimo nacional ou ao valor do piso da categoria. Considerando-se que um MEI tenha uma folha de pagamento no valor de R$ 1.500,00 e seu

faturamento mensal seja de R$ 6.500,00, qual é a despesa mensal com encargos patronais?

a) R$ 165,00.
b) R$ 120,00.
c) R$ 45,00.
d) R$ 325,00.
e) R$ 520,00.

Questão para reflexão

1. Assim como a pessoa jurídica realiza operações de reorganização societária para fins de planejamento, a pessoa física também tem essa possibilidade, quando trata de bens de grande valor e quotas de empresas.

    Nesse sentido, foram criadas as *holdings*, que têm uma característica exclusiva de participação em outras empresas. São criadas, inclusive, para blindagem patrimonial. Segundo Oliveira (2014, p. 7), "Uma holding pode ser definida, em linguagem simples, como uma empresa cuja finalidade básica é ter participação acionária – ações ou cotas – de outras empresas. A origem da expressão holding está no verbo do idioma inglês *to hold*, que significa manter, controlar ou guardar".

    A Lei n. 6.40, de 15 de dezembro de 1976, trouxe a figura da *holding* em seu art. 2º:

    > Art. 2º Pode ser objeto da companhia qualquer empresa de fim lucrativo, não contrário à lei, à ordem pública e aos bons costumes.
    > [...]
    > § 3º A companhia pode ter por objeto participar de outras sociedades; ainda que não prevista no estatuto, a participação é facultada como meio de realizar o objeto social, ou para beneficiar-se de incentivos fiscais. (Brasil, 1976b)

Entretanto, a *holding* não precisa ser constituída como sociedade anônima, pois pode também ser concebida como sociedade limitada ou até mesmo como uma Empresa Individual de Responsabilidade Limitada (Eireli). Sabendo disso, você acha possível criar uma *holding* com a finalidade de planejamento tributário?

Considerações finais

Querido leitor, você deve ter notado que o planejamento tributário tem diversas formas de se apresentar. Lembramos, inclusive, que aqui não tratamos de todas as formas possíveis de redução da carga tributária, mas de um pouco dos principais conceitos que você pode aplicar em qualquer empresa ou em sua própria renda.

Vimos nesta obra os principais modelos de planejamento tributário voltados à renda e ao lucro e focamos um pouco mais no Imposto de Renda. No entanto, há ainda diversas formas de gerenciar os tributos em âmbito estadual e municipal.

Você pode estar pensando: "Como vou me aprofundar agora em um tema que está passando por discussões para uma reforma?" Contudo, antes de abandonar os estudos tributários, lembre-se de que muitos conceitos não serão alterados, seja para simplificar, seja para reduzir. Assim, os conceitos de receita, de lucro e de tributos sobre tais eventos continuarão a existir.

Dessa forma, esperamos que a leitura desta obra tenha, de alguma maneira, contribuído com seu desenvolvimento profissional, ressaltando que o livro deve ser tratado como uma introdução ao universo dos tributos no Brasil, uma vez que esse tema nunca será exaustivo.

Lista de siglas

Cide	Contribuição de Intervenção no Domínio Econômico
Cofins	Contribuição para o Financiamento da Seguridade Social
CPRB	Contribuição Previdenciária sobre a Receita Bruta
CSLL	Contribuição Social sobre o Lucro Líquido
CT	Carga tributária
DAS	Documento Arrecadador do Simples
DRE	Demonstração de resultado do exercício
EPP	Empresa de pequeno porte
FGTS	Fundo de Garantia do Tempo de Serviço
ICMS	Imposto sobre Circulação de Mercadorias e Serviços
ICMS-ST	Imposto sobre Circulação de Mercadorias e Serviços – Substituição Tributária

IPI	Imposto sobre Produtos Industrializados
IPVA	Imposto sobre a Propriedade de Veículos Automotores
IRPF	Imposto de Renda Pessoa Física
IRPJ	Imposto de Renda Pessoa Jurídica
IRRF	Imposto sobre Renda Retido na Fonte
ISS	Imposto Sobre Serviços
ITBI	Imposto de Transmissão de Bens Imóveis
ITR	Imposto Territorial Rural
JCP	Juros sobre oCapital Próprio
Lair	Lucros Antes do Imposto de Renda
Lalur	Livro de Apuração do Lucro Real
Lacs	do Livro de Apuração da Contribuição Social
ME	Microempresa
MEI	Microempreendedor individual
PECLD	Perdas estimadas de crédito de liquidação duvidosa
PL	Patrimônio Líquido
PIS	Programa de Integração Social
RIR	Regulamento do Imposto de Renda
TJLP	Taxa de Juros de Longo Prazo

Referências

AMED, F. J.; NEGREIROS, P. J. L. de C. **História dos tributos no Brasil**. São Paulo. Sinafresp, 2000.

ANDRADE FILHO, E. O. **Direito penal tributário**. 7. ed. São Paulo: Atlas, 2015.

ANDRADE FILHO, E. O. **Imposto de Renda das empresas**. 12. ed. São Paulo: Atlas, 2016.

BORGES, H. B. **Planejamento tributário**. 14. ed. São Paulo: Atlas, 2015.

BRASIL. Comissão de Valores Mobiliários. Deliberação CVM n. 684, de 30 de agosto de 2012. **Diário Oficial da União**, Brasília, DF, 30 ago. 2012a. Disponível em: <http://www.cvm.gov.br/export/sites/cvm/legislacao/deliberacoes/anexos/0600/deli683.pdf>. Acesso em: 20 abr. 2020.

BRASIL. Constituição (1891). **Diário Oficial [da] República dos Estados Unidos do Brasil**, Rio de Janeiro, 24 fev. 1891.

BRASIL. Constituição (1988). **Diário Oficial da União**, Brasília, DF, 5 out. 1988.

BRASIL. Decreto n. 5, de 14 de janeiro de 1991. **Diário Oficial da União**, Poder Executivo, Brasília, DF, 15 jan. 1991a.

BRASIL. Decreto n. 5.798, de 7 de junho de 2006. **Diário Oficial da União**, Poder Executivo, Brasília, DF, 7 jun. 2006a.

BRASIL. Decreto n. 7.052, de 23 de dezembro de 2009. **Diário Oficial da União**, Poder Executivo, Brasília, DF, 24 dez. 2009a.

BRASIL. Decreto n. 8.084, de 26 de agosto de 2013. **Diário Oficial da União**, Poder Executivo, Brasília, DF, 27 ago. 2013. Disponível em: <http://www.planalto.gov.br/ccivil_03/_Ato2011-2014/2013/Decreto/D8084.htm>. Acesso em: 15 abr. 2020.

BRASIL. Decreto n. 9.580, de 22 de novembro de 2018. **Diário Oficial da União**, Poder Executivo, Brasília, DF, 23 nov. 2018.

BRASIL. Decreto-Lei n. 1.598, de 26 de dezembro de 1977. **Diário Oficial da União**, Poder Executivo, Brasília, DF, 27 dez. 1977.

BRASIL. Decreto-Lei n. 2.848, de 7 de dezembro de 1940. **Diário Oficial da União**, Poder Executivo, Brasília, DF, 31 dez. 1940.

BRASIL. Instrução Normativa Drei n. 35, de 3 de março de 2017. **Diário Oficial da União**, Brasília, DF, 3 mar. 2017a.

BRASIL. Instrução Normativa RFB n. 1.500, de 29 de outubro de 2014. **Diário Oficial da União**, Brasília, DF, 30 out. 2014a.

BRASIL. Instrução Normativa RFB n. 1.558, de 31 de março de 2015. **Diário Oficial da União**, Brasília, DF, 1º abr. 2015a.

BRASIL. Instrução Normativa RFB n. 1.700, de 14 de março de 2017. **Diário Oficial da União**, Brasília, DF, 16 mar. 2017b. Disponível em: <http://normas.receita.fazenda.gov.br/sijut2consulta/link.action?id Ato=81268&visao=anotado>. Acesso em: 15 abr. 2020.

BRASIL. Instrução Normativa SRF n. 81, de 11 de outubro de 2001. **Diário Oficial da União**, Brasília, DF, 17 out. 2001a.

BRASIL. Instrução Normativa SRF n. 84, de 11 de outubro de 2001. **Diário Oficial da União**, Brasília, DF, 17 out. 2001b.

BRASIL. Instrução Normativa SRF n. 118, de 28 de dezembro de 2000. **Diário Oficial da União**, Brasília, DF, 29 dez. 2000.

BRASIL. Instrução Normativa SRF n. 404, de 12 de março de 2004. **Diário Oficial da União**, Brasília, DF, 15 mar. 2004a.

BRASIL. Lei Complementar n. 7, de 7 de setembro de 1990. **Diário Oficial da União**, Poder Legislativo, Brasília, DF, 8 set. 1970.

BRASIL. Lei Complementar n. 70, de 30 de dezembro de 1991. **Diário Oficial da União**, Poder Legislativo, Brasília, DF, 31 dez. 1991b.

BRASIL. Lei Complementar n. 104, de 10 de janeiro de 2001. **Diário Oficial da União**, Poder Legislativo, Brasília, DF, 11 jan. 2001c.

BRASIL. Lei Complementar n. 123, de 14 de dezembro de 2006. **Diário Oficial da União**, Poder Legislativo, Brasília, DF, 15 dez. 2006b.

BRASIL. Lei Complementar n. 155, de 27 de outubro de 2016. **Diário Oficial da União**, Poder Legislativo, Brasília, DF, 28 out. 2016a.

BRASIL. Lei n. 4.357, de 16 de julho de 1964. **Diário Oficial da União**, Poder Legislativo, Brasília, DF, 16 jul. 1964a.

BRASIL. Lei n. 4.502, de 30 de novembro de 1964. **Diário Oficial da União**, Poder Legislativo, Brasília, DF, 30 nov. 1964b.

BRASIL. Lei n. 5.172, de 25 de outubro de 1966. **Diário Oficial da União**, Poder Legislativo, Brasília, DF, 27 out. 1966.

BRASIL. Lei n. 6.321, de 14 de abril de 1976. **Diário Oficial da União**, Poder Legislativo, Brasília, DF, 19 abr. 1976a.

BRASIL. Lei n. 6.404, de 15 de dezembro de 1976. **Diário Oficial da União**, Poder Legislativo, Brasília, DF, 17 dez. 1976b.

BRASIL. Lei n. 8.069, de 13 de julho de 1990. **Diário Oficial da União**, Poder Legislativo, Brasília, DF, 16 jul. 1990a.

BRASIL. Lei n. 8.137, de 27 de dezembro de 1990. **Diário Oficial da União**, Poder Legislativo, Brasília, DF, 28 dez. 1990b.

BRASIL. Lei n. 8.212, de 24 de julho de 1991. **Diário Oficial da União**, Poder Legislativo, Brasília, DF, 25 jul. 1991c.

BRASIL. Lei n. 8.313, de 23 de dezembro de 1991. **Diário Oficial da União**, Poder Legislativo, Brasília, DF, 24 dez. 1991d.

BRASIL. Lei n. 8.981, de 20 de janeiro de 1995. **Diário Oficial da União**, Poder Legislativo, Brasília, DF, 23 jan. 1995a.

BRASIL. Lei n. 9.249, de 26 de dezembro de 1995. **Diário Oficial da União**, Poder Legislativo, Brasília, DF, 26 dez. 1995b.

BRASIL. Lei n. 9.430, de 27 de dezembro de 1996. **Diário Oficial da União**, Poder Legislativo, Brasília, DF, 30 dez. 1996.

BRASIL. Lei n. 9.718, de 27 de novembro de 1998. **Diário Oficial da União**, Poder Legislativo, Brasília, DF, 28 nov. 1998.

BRASIL. Lei n. 9.874, de 23 de novembro de 1999. **Diário Oficial da União**, Poder Legislativo, Brasília, DF, 24 nov. 1999a.

BRASIL. Lei n. 10.406, de 10 de janeiro de 2002. **Diário Oficial da União**, Poder Legislativo, Brasília, DF, 11 jan. 2002a.

BRASIL. Lei n. 10.610, de 20 de dezembro de 2002. **Diário Oficial da União**, Poder Legislativo, Brasília, DF, 23 dez. 2002b.

BRASIL. Lei n. 10.637, de 30 de dezembro de 2002. **Diário Oficial da União**, Poder Legislativo, Brasília, DF, 31 dez. 2002c.

BRASIL. Lei n. 10.833, de 29 de dezembro de 2003. **Diário Oficial da União**, Poder Legislativo, Brasília, DF, 30 dez. 2003a.

BRASIL. Lei n. 10.973, de 2 de dezembro de 2004. **Diário Oficial da União**, Poder Legislativo, Brasília, DF, 3 dez. 2004b.

BRASIL. Lei n. 11.053, de 29 de dezembro de 2004. **Diário Oficial da União**, Poder Legislativo, Brasília, DF, 30 dez. 2004c.

BRASIL. Lei n. 11.196, de 21 de novembro de 2005. **Diário Oficial da União**, Poder Legislativo, Brasília, DF, 22 nov. 2005.

BRASIL. Lei n. 11.438, de 29 de dezembro de 2006. **Diário Oficial da União**, Poder Legislativo, Brasília, DF, 29 dez. 2006c.

BRASIL. Lei n. 11.770, de 9 de setembro de 2008. **Diário Oficial da União**, Poder Legislativo, Brasília, DF, 10 set. 2008a.

BRASIL. Lei n. 12.213, de 20 de janeiro de 2010. **Diário Oficial da União**, Poder Legislativo, Brasília, DF, 21 jan. 2010.

BRASIL. Lei n. 12.546, de 14 de dezembro de 2011. **Diário Oficial da União**, Poder Legislativo, Brasília, DF, 15 dez. 2011a.

BRASIL. Lei n. 12.715, de 17 de setembro de 2012. **Diário Oficial da União**, Poder Legislativo, Brasília, DF, 18 set. 2012b.

BRASIL, Lei nº 12.741 de 8 de dezembro de 2012, **Diário Oficial da União**, Poder Legislativo, Brasília, DF, 10 dez. 2012c.

BRASIL. Lei n. 12.761, de 27 de dezembro de 2012. **Diário Oficial da União**, Poder Legislativo, Brasília, DF, 27 dez. 2012d.

BRASIL. Lei n. 12.973, de 13 de maio de 2014. **Diário Oficial da União**, Poder Legislativo, Brasília, DF, 14 maio 2014b.

BRASIL. Lei n. 13.257, de 8 de março de 2016. **Diário Oficial da União**, Poder Legislativo, Brasília, DF, 9 mar. 2016b.

BRASIL. Lei n. 13.259, de 16 de março de 2016. **Diário Oficial da União**, Poder Legislativo, Brasília, DF, 17 mar. 2016c.

BRASIL. Medida Provisória n. 540, de 2 de agosto de 2011. **Diário Oficial da União**, Poder Executivo, Brasília, DF, 3 ago. 2011b.

BRASIL. Medida Provisória n. 685, de 21 de julho de 2015. **Diário Oficial da União**, Poder Executivo, Brasília, DF, 22 jul. 2015b.

BRASIL. Solução de consulta Cosit n. 120, de 17 de agosto de 2016. **Diário Oficial da União**, Brasília, DFD, 19 ago. 2016d.

BRASIL. Ministério da Cultura. Instrução Normativa n. 5, de 26 de dezembro de 2017. **Diário Oficial da União**, Poder Executivo, Brasília, DF, 27 dez. 2017c.

BRASIL. Ministério da Economia. Instrução Normativa n. 2, de 23 de abril de 2019. **Diário Oficial da União**, Poder Executivo, Brasília, DF, 24 abr. 2019a.

BRASIL. Ministério da Economia. Conselho Administrativo de Recursos Fiscais. **Carf mantém entendimento de que a compensação de prejuízos fiscais deve observar o limite de 30% em caso de incorporação da empresa**. 8 dez. 2015c. Disponível em: <http://idg.carf.fazenda.gov.br/noticias/2015/carf-mantem-entendimento-de-que-a-compensacao-de-prejuizos-fiscais-deve-observar-o-limite-de-30-em-caso-de-incorporacao-da-empresa>. Acesso em: 16 abr. 2020.

BRASIL. Ministério da Economia. Receita Federal. **Imposto sobre a renda da pessoa física IRPF 2019**: perguntas e respostas. Brasília: Receita Federal, 2019b. Disponível em: <http://receita.economia.gov.br/interface/cidadao/irpf/2019/perguntao/perguntas-e-respostas-irpf-2019.pdf>. Acesso em: 20 abr. 2020.

BRASIL. Ministério da Economia. Receita Federal. Secretaria Especial da Receita Federal do Brasil. Instrução Normativa RFB n. 1911, de 11 de outubro de 2019. **Diário Oficial da União**, Poder Executivo, Brasília, DF, 15 out. 2019c.

BRASIL. Ministério da Fazenda. Conselho Administrativo de Recursos Fiscais. Câmara Superior de Recursos Fiscais. 1° Turma. Acórdão n. CSRF/01-05.413, de 20 de março de 2006. Brasília, DF, 20 mar. 2006d.

BRASIL. Ministério da Fazenda. Primeiro Conselho de Contribuintes. Primeira Câmara. Acórdão n. 101-94.127, de 28 de fevereiro de 2003. **Carf**, Brasília, DF, 28 fev. 2003b. Disponível em: <https://carf.fazenda.gov.br/sincon/public/pages/ConsultarJurisprudencia/listaJurisprudencia.jsf?idAcordao=4729359>. Acesso em: 5 maio 2020.

BRASIL. Ministério do Trabalho e Emprego. Secretaria de Inspeção do Trabalho. Departamento de Segurança e Saúde no Trabalho. Portaria n. 03, de 1º de março de 2002. **Diário Oficial da União**, Poder Executivo, Brasília, DF, 5 mar. 2002d.

BRASIL. Secretaria Especial da Cultura. Lei de Incentivo à Cultura. **Nova Lei de Incentivo à Cultura reduz de R$ 60 milhões para R$ 1 milhão teto de captação por projeto.** Brasília, 11 abr. 2019d. Disponível em: <http://portal-rouanet.apps.cultura.gov.br/noticias/saiba-como-funciona-a-lei-de-incentivo-a-cultura/>. Acesso em: 15 abr. 2020.

BRASIL. Supremo Tribunal Federal. Recurso Extraordinário 574.706, de 13 de dezembro de 2007. **Diário de Justiça Eletrônico**, Brasília, DF, n. 1, p. 51, 8 jan. 2008b.

BRASIL. Supremo Tribunal Federal. Recurso Extraordinário 574.706: ementa do acórdão. **Diário de Justiça Eletrônico**, Brasília, DF, n. 223, p. 34-35, 2 out. 2017d.

BRASIL. Tribunal Regional Federal da 4º Região. Agravo de Instrumento: AG 44424 RS 2004.04.01.044424-0. **Revista do Tribunal Regional Federal da 4º Região**, Porto Alegre, nº 61, p. 573-574, 2006e.

CARLIN, E. L. B. **Auditoria, planejamento e gestão tributária.** Curitiba: Juruá, 2008.

CASTRO, L. F. de M. e (Coord.) **Planejamento tributário: análise de casos.** São Paulo: MP, 2014.

CHAVES, F. C. **Planejamento tributário na prática**: gestão tributária aplicada. 4. ed. São Paulo: Atlas, 2017.

CIPRO NETO, P. **Dicionário da língua portuguesa comentado pelo professor Pasquale.** Barueri: Gold, 2009.

CPC – Comitê de Pronunciamentos Contábeis. **CPC 01 (R1)**: Redução ao valor recuperável de ativos. Brasília: CPC, 2010.

CPC – Comitê de Pronunciamentos Contábeis. **CPC 18 (R2)**: investimento em coligada, em controlada e em empreendimento controlado em conjunto. Brasília: CPC, 2012a.

CPC – Comitê de Pronunciamentos Contábeis. **Interpretação Técnica ICPC 08**: contabilização da proposta de pagamento de dividendos. Brasília: CPC, 2012b.

DINIZ JUNIOR, C. **Planejamento tributário.** 2. ed. Curitiba: Iesde, 2018.

ESAF – Escola de Administração Fazendária. Tema 2: o direito tributário no contencioso administrativo fiscal federal. **Legitimidade do planejamento tributário**: critérios. Brasília, 2010.

FARIA, R. V. Caso RBS – Análise da operação "casa-e-separa". In: CASTRO, L. F. de M. e (Coord.). **Planejamento tributário**: análise de casos. São Paulo: MP, 2014. p. 63-90.

FERRARI, E. L. **Contabilidade geral**: teoria e mais de 1.000 questões. 12. ed. rev. Niterói: Impetus, 2012.

GELBCKE, E. R. et al. **Manual de contabilidade societária**: aplicável a todas as sociedades – de acordo com a normas internacionais e do CPC. 3. ed. São Paulo: Atlas, 2018.

GOMES, E. D. **Rotinas trabalhistas e previdenciárias**. 13. ed. Belo Horizonte: Líder, 2013.

HAUSER, P. **Contabilidade tributária**: dos conceitos à aplicação. Curitiba: InterSaberes, 2017.

IBPT – Instituto Brasileiro de Planejamento e Tributação. **CNPL: Brasil é o país que proporciona pior retorno em serviços públicos à sociedade**. 19 jun. 2017. Disponível em: <https://ibpt.com.br/noticia/2595/CNPL-Brasil-e-o-Pais-que-proporciona-pior-retorno-em-servicos-publicos-a-sociedade>. Acesso em: 14. abr. 2020.

IMPOSTÔMETRO. Disponível em: <https://impostometro.com.br/#arrecadacaoCategoria>. Acesso em: 14 abr. 2020.

MANKIW, N. G. **Princípios de microeconomia**. São Paulo: Cengage Learning, 2013.

MATSUNAGA, M. H. M. JCP "retroativo" na jurisprudência do "novo" CARF. **Jota**, 15 set. 2016. Disponível em: <https://www.jota.info/paywall?redirect_to=//www.jota.info/opiniao-e-analise/artigos/observatorio-carf-juros-sobre-capital-proprio-retroativo-na-jurisprudencia-novo-carf-15092016>. Acesso em: 7 nov. 2019.

OLENIKE, J. E.; AMARAL, G. L. do; AMARAL,L. M. F. do. **Cálculo do Irbes (Índice de Retorno de Bem Estar à Sociedade)**: edição de março de 2017 - com a utilização da carga tributária e IDH do ano de 2014. Curitiba: IBPT, 2017.

OLIVEIRA, D. de P. R. **Holding, administração corporativa e unidade estratégica de negócios**. 5. ed. São Paulo: Atlas, 2014.

OLIVEIRA, L. M. de et al. **Manual de contabilidade tributária**: textos e testes com as respostas. 14. ed. São Paulo: Atlas, 2015.

OLIVEIRA JÚNIOR, G.; PACHECO, M. **Mercado financeiro:** objetivo e profissional. 3. ed. São Paulo: Fundamento, 2017.

OLIVON, B. Gerdau consegue na Justiça reverter derrota no Carf e cancelar autuação. **Valor Econômico,** 29 maio 2018. Disponível em: <https://valor.globo.com/legislacao/noticia/2018/05/29/gerdau-consegue-na-justica-reverter-derrota-no-carf-e-cancelar-autuacao.ghtml>. Acesso em: 16 abr. 2020.

PADOVEZE, C. L. **Planejamento orçamentário.** 3. ed. rev. e atual. São Paulo: Cengage Learning, 2015.

PÊGAS, P. H. **Manual de contabilidade tributária.** 9. ed. São Paulo: Atlas, 2017.

PÊGAS, P. H. **PIS e Cofins.** 5. ed. rev. e atual. São Paulo: Atlas, 2018.

REZENDE, A. J.; PEREIRA C. A.; ALENCAR, R. C. **Contabilidade tributária:** entendendo a lógica dos tributos e seus reflexos sobre os resultados das empresas. São Paulo. Atlas, 2010.

SABBAG, E. **Elementos do direito tributário.** 12. ed. São Paulo. Saraiva, 2015.

SANTOS, M. A. C. dos. **Contabilidade tributária:** um enfoque nos IFRS e na Legislação do IRPJ. São Paulo: Atlas, 2015.

SCHOUERI, L. E.; FREITAS, R. de. **Planejamento tributário e o "propósito negocial".** São Paulo: Quartier Latin, 2010.

TORRES, R. L. **Planejamento tributário:** elisão abusiva e evasão fiscal. Rio de Janeiro: Elsevier, 2012.

TRÓCCOLI JÚNIOR, H.; CHIMENTI, R. C. **Direito tributário e financeiro:** questões comentadas. São Paulo. Saraiva, 2012.

Respostas

Capítulo 1

Questões para revisão

1. c

    Segundo a Constituição Federal (CF):

    Art. 158. Pertencem aos Municípios:
    I – o produto da arrecadação do imposto da União sobre renda e proventos de qualquer natureza, incidente na fonte, sobre rendimentos pagos, a qualquer título, por eles, suas autarquias e pelas fundações que instituírem e mantiverem; (Brasil, 1988)

    Alternativa a – não se sujeita (CF, art. 160);
    Alternativa b – pertencem 25% (CF, art. 158, inciso IV);
    Alternativa d – pertencem 20% (CF, art. 158, inciso IV);
    Alternativa e – entregará 21,5% (CF, art. 159, inciso I).

2. A elusão fiscal é uma forma aparente de planejamento lícito, também chamada de *elisão ineficaz,* pois o contribuinte utiliza meios simulados de negócios jurídicos para dissimular a ocorrência do fato gerador.

3. *Planejamento tributário* é uma forma lícita para redução da carga de impostos e contribuições suportadas pelo contribuinte. É atualmente relevante a denominação de *propósito negocial* para a realização de tal recurso jurídico.
4. a
5. d

Capítulo 2

Questões para revisão
1. d
2. b
3. O enquadramento do mês de julho será pelo Anexo III do Simples, uma vez que a folha de salários corresponde a 20% do valor da receita do mês.
4. Receita operacional: R$ 150.000,00;
   PIS: 0,65% = R$ 975,00;
   Cofins: 3% = R$ 4.500,00.
5. c

Capítulo 3

Questões para revisão
1. d
2. b
   O valor doado é de R$ 10.000,00; a dedução é de 40% desse valor (R$ 4.000,00); no entanto, está limitada a 4% do Imposto de Renda devido. O IRPJ do período é de R$ 90.000,00 (R$ 600.000,00 x 15%) e 4% do IRPJ é R$ 3.600,00. Desse modo, o limite de dedução da Lei Rouanet é de R$ 3.600,00.
3. a
   O valor do Imposto de Renda é de R$ 30.000 menos as deduções dos incentivos, de 1% para cada um, ou seja,

dedução de R$ 300,00 por incentivo, totalizando, então, R$ 600,00 do imposto devido.
4. c

A exclusão poderá ser de 80% do dispêndio com tecnologia devido ao aumento em mais de 5% do número de empregados.

5. d

Capítulo 4

Questões para revisão
1. d
2. b
3. a

Como houve uma cisão parcial, o saldo do prejuízo fiscal ficou também reduzido à metade, ou seja, saldo de R$ 50.000,00. Como o valor é menor do que 30% da compensação, o montante compensável é de R$ 50.000,00.

4. c
5. d

Capítulo 5

Questões para revisão
1. Valor do INSS: R$ 506,00 (11%);
   Valor do IRRF: R$ 285,02 (22,5%);
   Valor líquido pró-labore: R$ 3.808,98.
2. O limite de lucro isento é de R$ 627.769,49.
3. b
4. Valor a recolher do IRPJ: R$ 14.589,10.
5. Os lançamentos contábeis são:
   D – Lucros acumulados (ou reservas de lucros): R$ 10.990,00;
   C – JCP a pagar: R$ 9.341,50;
   C – IRRF a recolher: R$ 1.648,50.

Capítulo 6

Questões para revisão

1. A Vida Gerador de Benefício Livre (VGBL) é um plano de previdência ideal para quem não declara Imposto de Renda ou faz a declaração simplificada, pois o valor pago não deduz o imposto devido na declaração de ajuste anual. Além disso, ao realizar o recebimento do benefício ou do resgate, o Imposto de Renda incidirá somente sobre o valor do rendimento.

    Já o Plano Gerador de Benefício Livre (PGBL) é bom para pessoas que fazem a declaração do Imposto de Renda pelo modelo completo, uma vez que o valor pago no ano pode deduzir até 12% da base tributável na declaração de ajuste anual. O PGBL serve como uma espécie de prorrogação da incidência do Imposto de Renda, uma vez que a tributação ocorrerá sobre o valor total (principal e rendimento) no recebimento de benefício ou no resgate.

2. A tributação pode ser feita pela tabela progressiva do Imposto de Renda, que normalmente é utilizada para prazos menores de rendimentos e o valor da retenção varia de 7,5% a 27,5%; ou pela chamada *tabela regressiva*, em que o imposto é calculado com base no tempo de aplicação e as alíquotas variam de 35% a 10%.

3. c
4. d
5. a

Sobre a autora

Paolla Hauser

É contadora formada pelo UniBrasil Centro Universitário; pós-graduada em Gestão Tributária pela Faculdade de Educação Superior do Paraná (Fesp) e em Direito Tributário pelo Instituo Brasileiro de Estudos Tributários (Ibet); mestranda em Ciências Contábeis com ênfase em Contabilidade Tributária pela Fundação Instituto Capixaba de Pesquisas em Contabilidade, Economia e Finanças (Fucape Business School), em Vitória, Espírito Santo.

Sua carreira contábil começou em 2003, na área de departamento de pessoal e recursos humanos e, em 2011, passou a atuar como consultora de tributos federais e de contabilidade societária. Nessa mesma época, começou a escrever conteúdos técnicos direcionados aos atuantes dos setores fiscal e tributário de empresas e escritórios contábeis.

Em 2013, iniciou sua vida docente, sendo admitida no mesmo ano no Centro Universitário Internacional Uninter, lecionando para a graduação e a pós-graduação. Atualmente, sua carreira é dividida entre as aulas e a gerência tributária e trabalhista em uma empresa de auditoria.

Os papéis utilizados neste livro, certificados por instituições ambientais competentes, são recicláveis, provenientes de fontes renováveis e, portanto, um meio responsável e natural de informação e conhecimento.

Impressão: Reproset
Agosto/2023